Ludwig von Rockinger

Magister Lorenz Fries zum fränkischwirzburgischen Rechts und Gerichtswesen

Ludwig von Rockinger

Magister Lorenz Fries zum fränkischwirzburgischen Rechts und Gerichtswesen

ISBN/EAN: 9783743663930

Hergestellt in Europa, USA, Kanada, Australien, Japan

Cover: Foto ©Suzi / pixelio.de

Weitere Bücher finden Sie auf **www.hansebooks.com**

Magister Lorenz Fries

zum

fränkisch-wirzburgischen Rechts- und Gerichtswesen.

Von

Dr. Ludwig Rockinger.

Aus den Abhandlungen der k. bayer. Akademie der W. III. Cl. XI. Bd. III. Abth.

München 1871.
Verlag der k. Akademie,
in Commission bei G. Franz.
Akademische Buchdruckerei von F. Straub.

Magister Lorenz Fries

zum

fränkisch-wirzburgischen Rechts- und Gerichtswesen.

Von

Dr. Ludwig Rockinger.

Von den Werken des grossen Geschichtschreibers des Hochstiftes Wirzburg und Herzogthums Franken stehen zwei umfangreiche seit Jahrhunderten in gesegnetem Andenken nicht allein in Franken sondern auch weit über dasselbe hinaus bei Deutschlands Geschichtsforschern und Geschichtsfreunden. Wir meinen seine Geschichte des im Jahre 1525 im Hochstifte Wirzburg in wilden Flammen entbrannten Bauernaufrubres, und insbesondere seine — mit Einrechnung von noch ungedruckten Theilen — bis gegen die Mitte des sechzehnten Jahrhunderts reichende Historie oder Chronik [1]) des Hochstiftes

---

1) Er wechselt selbst mit diesen Bezeichnungen. So hatte er beispielsweise in der alsbald zur Sprache kommenden hohen Registratur I Fol 7 unter dem Worte Ainigung bei der Erwähnung dass Fürstbischof Johann aus dem Geschlechte von Brunn oft mit seinem Capitel in Streit gerathen und sich mit demselben wieder vertragen, ursprünglich bemerkt: davon such in meinem buch so ich von den bischosen zu Wirtsburg gemacht hab: da wardest du des vnd anderer sachen guten bericht finden, welche Stelle er nachher in die Fassung umänderte: davon such in der histori von den bischoeen zu Wirtsburg gemacht. Ebendort I Fol. 40' unter dem Worte Bargildi lesen wir: davon such weiter in meiner chronicken von den bischoeen. Ebendaselbst I Fol. 58' unter dem Worte Bischons steht: findest du guten vnd lautern bericht ordenlich beschriben in meiner histori von allen

Wirzburg und Herzogthums Franken, ein Werk von welchem ein ausgezeichneter Kenner älterer fränkischer Geschichte und einstigen fränkischen Lebens[1]) mit vollstem Rechte bemerkt, sie „war im Frankenlande ein so volksthümliches Buch und ist es bis heute geblieben, dass nur wenige Landeseingeborne gefunden werden dürften die nicht ein oder das andere aus dieser „Chronik" wüssten, indessen der Freund der fränkischen Geschichte sich diese gar nicht ohne „Fries" denken kann, wogegen der fränkisch-wirzburgische Geschichtsforscher, je tiefer gründlicher und umfassender seine Studien sind, nie ohne tiefe Verehrung „seinen Fries" aus der Hand legt."

Sehr aber würde man irren, wollte man glauben das seien die einzigen Erzeugnisse der Thätigkeit des emsigen Mannes auf dem literarischen Felde. Wir wollen nicht von der niedlichen Arbeit über Wirzburg sprechen welche er — wohl in besonderem Auftrage des Fürstbischofes Melchior aus dem Geschlechte von Zobel — mit seinem Freunde Ewald von Kreuznach in Begleitung eines äusserst übersichtlichen aus der Vogelperspective genommenen Bildes der Stadt Wirzburg

---

bischofen zu Wirtsburg zusammen bracht. Ebendort I Fol. 270 schreibt er unter dem Worte Häller oder Haller zum Jahre 1410: als bischof Johanns die hohen schuele zu Wirtzburg vfgericht vnd den maisteren lerern vnd schuoleren ain freihait geben am dato haltend donerstag nach Michaelis, jst in solcher freihait I pfd. haller für 1 fl. reinisch in gold gerechet vnd angeschlagen: such in meiner histori von bischofen. Ebendaselbst I Fol. 298 unter dem Worte Hespurg begegnet uns die Verweisung: davon mehe in der bischofe chronicken. Ebendaselbst heisst es unter dem Worte Hirshorn unter anderem: davon ist in der histori oder leben bischof Johansen nach der lenge geschribenn, welche Stelle er ursprünglich so gefasst hatte: davon ist in meiner histori im leben u. s. w.

In einem dieser hohen Registratur vorgebundenen Verzeichnisse der in der fürstbischöflich wirtzburgischen Kanzlei vorhandenen Copial- Gerichts- und anderer Geschäftsbücher von der Hand seines Freundes und Amtsgenossen Johann Schätzler von Sulzfeld am Main ist unter dem Schlagworte Bischofs zu Wirtzburg, worüber von anderer Hand „Chronica" geschrieben ist, folgendes angegeben: Von den bischofe zu Wirtzburg leben, das ist wie vil der gewesen, wie die gehaissen, wie lang vnd welcher gestalt die regirt, wan sie abgangen, ist ein aigen buch gemacht. Das ist zwei mal abgeschrieben, eins dem fursten selbe, das ander einem erwirdigen domcapitel zuhanden gestelt worden. Hiezu ist von späterer Hand, aber noch des 16. Jahrhunderts, beigefügt: Dortzue ist noch ains in britter mit halb vbertzogenem weissem leder jm schrank Philipsen Büttners schrifften.

1) Dr. Roland in seinem Aufsatze über „das Epitaphium des Geschichtschreibers von dem Bischofthum Wirzberg" im Archive des historischen Vereines von Unterfranken und Aschaffenburg XIII S. 300.

dem Sebastian Münster für dessen bekannte Kosmographie [1]) übersendete. Auch nicht von seinem Abenteuerbuche. [2]) Gleichfalls nicht von seiner Abhandlung über Art Eigenschaft und Gebrauch der hohen deutschen Zunge. [3]) Eben so wenig von einer genealogischen Arbeit über Karl den Grossen. [4]) Wir wollen an dieser Stelle auch nicht ausführlich von seinem grossartigen alphabetisch angelegten Hand- und Hilfsbuche über das fürstbischöflich wirzburgische Archiv, dessen trefflicher Vorstand er geraume Zeit hindurch gewesen, von seiner sogenannten „hohen Registratur" handeln, einer Schöpfung die nicht etwa blos ein dürres Archivrepertorium ist, sondern eine fränkisch-wirzburgische Realencyclopaedie im besten Sinne des Wortes, ein Werk wie in dieser Auffassung um die Mitte des sechzehnten Jahrhunderts wie auch später wohl ausser im wirzburgischen in keinem Archive der Welt eines bearbeitet worden. Eben so wenig von anderen für die Geschichte des Hochstiftes Wirzburg und Herzogthums Franken im allgemeinen wie im besonderen wichtigen Schriften. Nur auf etwas möchten wir die Aufmerksamkeit lenken, auf diejenigen seiner Arbeiten welche theils als besondere für sich bestehende Werke theils da und dort in andere Schriften verwoben uns unschätzbare Aufschlüsse zur fränkisch-wirzburgischen Rechtsgeschichte und insbesondere zum fränkisch-wirzburgischen Rechts- und Gerichtswesen älterer wie namentlich seiner Zeit selbst gewähren.

Mehrfach genannt ist daraus — abgesehen von seinem Zentbuche, jener trefflichen Grundlage für spätere derartige Arbeiten — seine Abhandlung über das Herzogthum Franken und das kaiserliche Landgericht desselben.

Wir können an diese vorzugsweise geschichtliche Arbeit eine anreihen welche von höchstem praktischen Einflusse auf das fränkisch-

---

1) Man werfe beispielsweise zur vergleichenden Beurtheilung gegenüber der noch in den deutschen basler Ausgaben von 1544 S. 455 und von 1545 S. 553 so kurzen Abfertigung Wirzburgs einen Blick in die deutsche basler Ausgabe von 1550 S. 796 — 811.
2) Wir verweisen hierüber der Kürze wegen auf die Schrift von Heffner und Dr. Reuss: Lorenz Fries der Geschichtschreiber Ostfrankens S. 31 unter Ziff. 5.
3) Ebendort S. 30 unter Ziff. 2.
4) Ebendort S. 30 und 31 unter Ziff. 3.

wirzburgische Rechtswesen war und ihm ein bleibendes Verdienst für die fränkisch-wirzburgische Gesetzgebung namentlich auf dem Gebiete des Landrechts verschafft hat, nämlich seine Zusammenstellung der fränkischen Landesgebräuche.

Ist diese letztere durch den Druck zugänglich geworden, ist die Schrift über das Herzogthum Franken und dessen kaiserliches Landgericht wenigstens dem Namen nach bekannt, so dürfte eine ungemein interessante Zusammenstellung über die weltlichen wie geistlichen Gerichte des Hochstiftes und der Stadt Wirzburg (wie des Herzogthums Franken) als in weiteren Kreisen noch unbekannt gelten.

Diese geistigen Erzeugnisse des Lorenz Fries wovon die Rede gewesen, sowie andere wovon seinerzeit noch die Rede sein wird fussten aber auf verschiedenen anderen Schriften wozu ihm seine archivalischen und seine geschichtlichen Studien Veranlassung geboten, Schriften grösseren wie kleineren Umfanges, Schriften welche leider mehr oder minder verloren sind.

In einen Theil von ihnen wie in ihre Quellen gewährte uns ein unfreiwilliger Aufenthalt in der Hauptstadt des ehemaligen Hochstifts Wirzburg und Herzogthums Franken, wohin wir gegen Ende des Jahres 1869 zur Verwesung der Vorstandsstelle am dortigen Kreisarchive abgeordnet worden sind, uns also in amtlicher Eigenschaft mit dessen Beständen vertraut zu machen Gelegenheit hatten, sattsame Einsicht. So unwürdig wir uns auch fühlen mussten und fühlen müssen, eine Spanne Zeit hindurch an dem Archive zu wirken berufen gewesen zu sein, in welchem vor mehr als drei Jahrhunderten unser Lorenz Fries seine vieljährige segensreiche Thätigkeit entfaltet, eine Spanne Zeit hindurch in welcher uns leider die verschiedenartigsten amtlichen Verhältnisse nicht gegönnt haben wissenschaftlichem Treiben zu leben, immerhin dürfen wir es wohl als die Erfüllung einer angenehmen Pflicht erachten, wenigstens zu seiner Würdigung in den angedeuteten Gesichtspunkten [1])

---

[1]) Vielleicht auch nach anderen Seiten hin, indem sich aus der folgenden Untersuchung so manches ergeben dürfte was theils als Berichtigung theils als nicht unwesentliche Er-

möglicher Weise mehr als zur Zeit irgend ein anderer ein Schärflein beitragen zu können.

Nämlich nur wer Gelegenheit gehabt einen Blick in die Hauptwerkstätte desselben zu thun, kann einerseits über die Quellen welche ihm zu Gebot standen wie anderntheils über die nahezu unbegreifliche Riesenthätigkeit welche er an sie gewendet ein begründetes Urtheil abgeben. Wo war denn eben diese eigentliche Werkstätte? Im Archive des Fürstbisthums Wirzburg und Herzogthums Franken, sowie in dessen Kanzlei. War im ersteren auf dem so reizend über der Hauptstadt des Landes gelagerten Marienberge, der vielhundertjährigen Residenz der wirzburger Fürstbischöfe, die reiche Menge der Urkunden in sicherem Gewölbe hinterlegt, so befanden sich in der Kanzlei herunten die nicht minder unschätzbaren Concept- Copial Gerichts- Sal- Lehen- und verschiedenen sonstigen zum alltäglichen Gebrauche dienenden Geschäftsbücher. All dieser kostbare Stoff bietet, wie jedes Blatt seiner Schriften die Nachweise über die Quellen liefert aus welchen er geschöpft, die deutlich sprechenden Belege für seine amtliche wie nicht minder für seine wissenschaftliche Thätigkeit. Hunderte und aber Hunderte von Urkunden sind von seiner Hand mit den betreffenden Ueberschriften versehen, und in den verschiedenen Codices finden sich allenthalben Ueberschriften zu den einzelnen Producten, finden sich Rand- und andere Bemerkungen, finden sich Inhaltsverzeichnisse von seiner Hand.

Ist es nun einmal schon von Interesse, behufs der richtigen Be-

---

ginsung der S. 151 in Note 2 angeführten anerkennenswerthen Schrift von Heffner und Dr. Reuss dienen mag.

Wenn wir beispielsweise der in ihr S 28 unter III erwähnten Historia episcopatuum Germaniae unsern Lorenz Fries als Verfasser entziehen, indem dieser Johann Bockenrode aus Worms ist, wird sich dem gegenüber das Verzeichnis wichtiger Schriften unseres Magister um ein nicht unbedeutendes Maass vergrössern.

Was eben die Historia episcopatuum Germaniae betrifft, folgt in dem in der Note auf S. 150 im zweiten Absatze bemerkten Verzeichnisse Schätzlers unmittelbar nach der unter „Bischofe zu Wirtzburg" aufgeführten wirsburger Chronik des Lorenz Fries unter dem Schlagworte „Bischofe auswendig" die Nachricht: die bischofs etlicher stifte in deutschen landen mit namen vnd zunamen, auch wie lang ein ieder regirt hat, durch Johannen Bockenrod von Worms vleissig in ein buch zu samen geschriben, bei andern cantalei buchern.

urtheilung der Werke unseres Magister diese Quellen genauer kennen zu lernen, so dürfte man wohl auf der anderen Seite es auch dem Archivar zu Guten halten wenn er hieran nicht mit gleichgiltigem Auge vorübereilt. Sehen wir uns daher, wenn auch nur einen Augenblick, in der Hauptwerkstätte des Lorenz Fries um!

Bezüglich des Archives auf dem Marienberge beschränken wir uns einfach nur auf das fünfzehnte und sechzehnte Jahrhundert.

Aus dem ersteren erübrigt uns ein Verzeichniss all der Privilegien und anderen Urkunden welche daselbst im Jahre 1407 unter Fürstbischof Johann aus dem Geschlechte von Brunn visa registrata et in locellis seu scriniis suis specialibus ad hoc deputatis et per literas alphabeti signatis sunt recondita.[1])

Etwas über ein Jahrhundert später, im Jahre 1529, liess Fürstbischof Konrad II aus dem Geschlechte von Thüngen „alle vnd iede brife vnd schriften die vf vnser frawen berg in einem sondern dartzu geordenten gewelbe vleissig ersuchen, vnd welche hieuor nit abgeschriben waren die selben in ein sunder buch[2]) abcopiren."

Dieses Gewölbe selbst „mit zweien lichten" befand sich in dem starken gegen Mittag gelegenen an den Fürstenbau anstossenden Thurme, den seinerzeit die Bürger von Wirzburg kraft eines Vertrages mit ihrem

---

1) Es ist dieses Verzeichniss an den Schluss des sogenannten Liber albus privilegiorum gebunden, und umfasst darin von den betreffenden 29 Pergamentfolien der Scrineus signatus litera A die Folien 1 — 4', die Capsella signata ad literam B die Folien 5' — 8', die Capsella signata capite araino mit der Aufzählung „priuilegiorum reuerendum in Christo patrum et dominum dominum Johannem episcopum et ecclesiam herbipolensem specialiter concernencium" die Folien 9' — 10, die Capsella signata litera C die Folien 11 — 12, die Capsella signata litera D die Folien 12' — 15', die Capsella signata litera E die Folien 16' — 19', die Capsella litera F signata die Folien 20' — 23, die Capsella cum litera G signata die Folien 23' — 25, die Capsella litera H signata die Folien 25' — 28, die Capsella signata litera K die Folien 28' — 29'.

Auch findet sich dieses Verzeichniss, eben ex albo corio privilegiorum tecto libro membranaceo in fine abgeschrieben, in den zweiten Band der sogenannten hohen Registratur eingebunden, wovon S. 60 — 71 den Schrein A, S. 74 — 88 den Schrein B, S. 66 — 96 den Schrein C, S. 98 — 103 den Schrein D, S. 108 — 116 den Schrein E, S. 118 — 124 den Schrein F, S. 128 — 132 den Schrein G, S. 134 — 140 den Schrein H, S. 142 — 145 den Schrein K umfassen.

2) Vgl. hierüber was S. 160, 161 gegen den Schluss der Note vom Liber omissorum beziehungsweise von den Libri omissorum bemerkt ist.

Landesherren von Grund aus hatten erbauen müssen, und welcher früher Randersacker [1]) geheissen, später aber nach einem Domherrn welchen Fürstbischof Johann aus dem Geschlechte von Brunn eine gute Weile hindurch darin gefangen gehalten den Namen Schodersthurm [2]) erhalten hatte.

Mit dem Inhalte des Archives selbst macht uns Lorenz Fries in einer „Vertzaichung der schrein behälter vnd laden so vf Vnnserfrawenberg in dem thurn stehn, darin des stiffts Wirtzburg freyhait kauff vertrage lehenmachung vnd andere brief behalten werden" folgendermassen [3]) bekannt:

In dem gewelbe des gedachten thurns stehn funff vnterschiedliche schreyne oder behältere mit schubladen. darin ligen des stiffts Wirtzburg vnd herzogthumb zu Franken regalia, freyhait, kauffbrief, verträge, quietantien, registere, lehenmachung, lehenreuers, dienerbrief, ainigung, huldung, vnd annders, souil derselben in aines bischofs handen sein. die vberigenn ligen hinter ainem erwirdigen capitel zum dom.

Der erst stet zur linken hande wan man hinein geht, vnd hat xxxiij laden in viiij zeilen. vnd nach dem am muisten des stiffts priuilegi vnd freyhait darin behalten ligen, wurt er der priuilegi oder freyhait schrein gehaissen. } priuilegiorum

Der ander schrein stet furter gegen der stat werts, ist gebrochen, vnd hat xxvij laden in neun zeilen, in ieder zeil trey laden. ja den obern siben zeilen ligen eitel quietantien, iede vnter irem buchstaben nach dem ABC, dauon dan der schrein sein namen hat. } quietantiarum.

Aber in den letzten zwoen zeilen ligen andere briefe, wie dieselbigen ausen vf den laden vertzaichet stehn.

---

1) Im Lehenbuche des Fürstbischofes Gerhart aus dem Geschlechte von Schwarzburg findet sich Fol. 60' Sp. 2 am Schlusse die Aufzeichnung, dass in vigilia Matthaei des Jahres 1391 Friese Jegir recepit in pheodam achte pfund hellir jerlich von dem turne vff vnser frawen berge, den man nennet Randesackir, vnde liet bie der kuchen, vnde steat mins herren von Wirczburg wapen an.

2) Vgl. den Eingang der nicht foliirten nach Lorenz Fries bearbeiteten kurzen Archivbeschreibung von der Hand des Johann Schätzler, welche mit des letzteren alphabetischer Verzeichnung der Archivalbände der wirzburgischen Kanzlei zwischen das Inhaltsverzeichniss und den Text des ersten Bandes der sogenannten hohen Registratur gebunden ist.

3) Im Liber VI contractuum Rudolfi zwischen dessen Inhaltsverzeichniss.

Der trit steht herumb vf der rechten seyten gegen dem Gleeberg zu, hat xxvij laden in vij zeilen. die obern laden sein mit dem ABC vertzaichet. darin ligen die briefe vber des stiffts aigenthumb. vnd man findt in ieder laden ain sondere vertzaichnus abermals nach dem ABC was darin ligt. jn den vntern laden ligen andere brief, wie die aeuser vberschrifft ausweyst. } proprietatis.

Oben vf disem schreyne stehn zwo vberschribene laden. darin ligen alte erloste verschreybung.

Hinter dem itzgenanten schrein proprietatis in der ecken stet ain clainer behalter mit funff aintzeligen laden. darin ligen alle des stiffts lehenmachung vnd lehenreuers nach den buchstaben des ABC, ausgenomen die jhenigen so bay zeiten itzregirenden vnsers gnedigen herrn gefallen sein: die ligen in der andern laden vnd achten zeil des quietantien schreins. es ist auch in den obgedachten reuersen ain zetel, darin die jhenigen von denen die reuers herkomen mit namen vnd zunamen vertzaichet stehn. } lehenreuers.

Der funfft schrein stet zur rechten hand wan man hinein get, vnd hat xxvij laden in vij zeilen. jn den obern laden mit dem ABC betzaichet ligen eitel verträg vnd dergleichen briefe, vnnd in ieder laden ain sonder zetel daran die brief derselben laden vertzaichet stehn. aber in den vntern laden ligen andere brief nach antzaigung der auswendigen vberschrifft. } contractuum.

Oben vf disem schrein stehn trey laden, die ersten zwo mit alten vrphedenn, die trit mit alten vffschreybbrieuen der lehen.

Auch ist uns von Lorenz Fries „ain gemain register vber die obgemelten schreine mit anzaig der laden vnnd zeil nach dem ABC" erhalten, woraus wir nur beispielsweise folgende Gegenstände anführen wollen:

Derogatoria frembder gericht. priuileg. lad. 3 zeil 2.

Freihait { fur fremde gericht. lad. 3 zeil 5 / landgerichts. lad. 4 zeil 1 } in priuilegiorum scrinio.

Gerichtsfreyung. priuileg. lad. 3 zeil 2.
Landgerichtsfreyhait. priuileg. lad. 4 zeil 1.
Richtung zwischen bischof capitel vnd stat. contractuum lad. 5 zeil 6, et quietantiarum lad. 1 zeil 8.
Wirtzburg der stat freyhait. priuileg. lad. 2 zeil 8.
Zent des stiffts Wirtzburg. priuileg. lad. 2 zeil 2.
Zentreuers. ibidem.

Diesem „zu Hof" oder „zu Hof im Thurme" bezeichneten Archive [1]) oder wie wir jetzt vielleicht uns ausdrücken würden Urkundenarchive, sowie demjenigen Urkundenschatze gegenüber welcher nicht „bei eines vorstehenden Fursten handen erlegt" war sondern „hinter dem Capitel zum dom" lag, verwahrte die Kanzlei, deren neuen Bau „in der Stadt Wirzburg bei und an dem bischöflichen Saale" der Fürst Lorenz aus dem Geschlechte von Bibra im zweiten Jahrzehnte des 16. Jahrhunderts [2]) vorgenommen, die Akten und insbesondere die so wichtigen Copial- Gerichts- und verschiedenartigen sonstigen Geschäftsbücher.

---

1) Bezüglich einiger Originalien im Betreffe des schwäbischen Bundes begegnet beispielsweise die Anführung: ligen zu Hof im schrein prinilegiorum in der dritten laden der sibenden zeil. Ein anderes Mal lesen wir, dass die ltenern vff ablösung zu Hof im tharn erhalten jm schrein proprietatis snb ladula 2 der 7 zeil.

2) In der hohen Registratur I Fol. 367' bemerkt Lorenz Fries: Als bischof Lorentz die newen cantzlei in der stat Wirtzburg bei vnd an dem bischoflichen sals zubawen furgenomen, hat er etliche kraeme vnd kraemlseden dartzn gekaufft, die ligen zu hof sub litera G proprietatis, vnd sein registrirt zu hof vf der camern.

Näheres hierüber enthalten die Stellen ebendort I Fol. 239, 289', 326', unter den Schlagworten Gredten, Haag, Johanniter:

Gredten der spacirblatz vor dem dom, im latein gradus von den stainin trepen, zu deutsch gredten genant. darauf hat bischof Lorentz etliche leden erkaufft, vnd daselbst hin ain news cantzlei gebawet.

Das Johannserhaus zu Wirtzburg hat vf ainem hänslin vnten an der gredten jerlich vii ¹/₂ dl. zins vnd die lehenschafft gehabt, aber bischof Lorenz dasselbig henslin abbrechen vnd den platz zu dem baw der newen cantzlei gezogen, doch dem Johannserhaus dargegen zwen morgen weingarten in der Dotengab gelegen, die jherlich auch vii¹/₂ dl. zins geben mit der lehenschafft zugestellt. actum am montag nach Martinj anno 1515.

Ain kramlade vf der gredten zinste der custorei an Haug jerlich xij dl. als aber bischof Lorentz die new cantzlei anfing zubawen, zoge er solchen laden darein, vnd gab der custorei andere xij dl. zins vf ainem morgen weingarten zn Haug. actum montags nach Vrsule anno 1516.

Vf der anderen seiten der gredten voter der landgerichtsstuben hat bischof Conrad von Thüngen ain behausung vnd vier cromladen von weilund Johann Persi apoteckers verlassen witwe erben vmb v⁰ fl erkaufft. dinstag nach exaudj anno 1536.

Noch ist ein entweder von Lorenz Fries selbst entworfenes oder jedenfalls unter seiner Leitung und Aufsicht gefertigtes und noch bei seinen Lebzeiten zusammengeschriebenes Verzeichniss oder wie es sich selbst nennt „Zal vnd meldung aller vnd ieder des stifts Wirtzburgs sallehen- contract- freihaiten- quietantzien- vnd anderer buchere souil der selben von alter here bis vf dise zeit vnd stunde in der wirtzburgischen furstlichen cantzlei gemacht vnd vorhanden sein nach ordnung des A B C" von der Hand seines Freundes Amtsgenossen und wenn man will Nachfolgers Johann Schätzler von Sulzfeld am Main[1]) vorhanden, welches uns des näheren hierüber belehrt, des Johann Schätzler, welcher bei der Publication der Kanzleiordnung des Fürstbischofes Melchior aus dem Geschlechte von Zobel vom vierten Osterfeiertage des Jahres 1551[2]) als Botenmeister zugegen gewesen, und von welchem weiter die Kanzleiordnung des Fürstbischofes Friedrich aus dem Geschlechte von Wirsberg vom 16. Juni 1559[3]) rühmend bemerkt: dieweil an der continuation deez Friesen registratur zum hochsten gelegen, vnd dann dieselben durch niemandt anderm alsz den Schetzler alten pottenmaister fuglicher verricht werden mage, so soll er furter gestracks aller ander ampter erlassenn vnd zu diser obristen registratur vnd vollendung der werckh die Friesz vnuolpracht hinterlaszenn gepraucht werdenn.

Es ist hierorts nicht unsere Aufgabe, dieses ganze Verzeichniss mit-

---

1) Dass es von Lorenz Fries entworfen oder jedenfalls unter seiner Leitung und Aufsicht gefertigt worden, schliessen wir wohl nicht mit Unrecht daraus, dass es sich neben seiner eben berührten kurzen Archivbeschreibung, welche auch von Schätzler unmittelbar vor dem in Frage stehenden alphabetischen Verzeichnisse der Archivalbände der wirzburgischen Kanzlei abgeschrieben ist, gewissermassen als Einleitung und als allgemeine Erläuterung der später in der sogenannten buben Registratur, an deren Spitze es steht, allenthalben vorkommenden Abkürzungen darstellt. Begegnet uns doch eine ganz entschiedene Verweisung auf diese und ihren umfassenden Artikel „Gericht" in folgender Aufzeichnung unter dem Buchstaben R: Reformation der geistlichen gericht hie zu Wirtzburg durch die gewesene hern furgenomen vnd vfgericht, desgleichen von reformirung des landgerichts sentgerichts etc. dauon auch hernach im wort „Gericht" vnd wa es dich weiter hin weisen wurt.

Dass unsere Zusammenstellung selbst in ihrem jetzigen Zustande noch zu Lebzeiten des Lorenz Fries fertig gewesen, entnehmen wir daraus, dass er bei dem Worte „Consiliorum buch" die Bemerkung hingesetzt: Ich hab aber dis buch nit gesehen.

2) Im Liber II diyarsarum formarum Conradi (von Thüngen) Fol. 277—284'.
3) Im Liber diversarum formarum desselben Fol 14'—20'.

zutheilen. Insoferne aber die mit der Rechtsgeschichte und insbesondere mit dem Gerichtswesen in einigem näheren Zusammenhange stehenden Gegenstände einmal Interesse bieten, und auf der anderen Seite ihre Kenntniss wegen des Verständnisses der Nachweise welche Lorenz Fries an den verschiedensten Stellen seiner dahin einschlagenden Schriften in reichem Masse gibt durchaus erforderlich ist, müssen wir wenigstens einiges daraus bemerken.

Was zunächst einzelne rechtliche und gesetzliche Bestimmungen betrifft, war beispielsweise die Herbsteinigung im Bürgerbuche [1] eingetragen, während sich im Oberrathsbuche [2] verschiedene andere Verordnungen über Gewerbs- und sonst polizeiliche Gegenstände verzeichnet finden.

Abgesehen hievon aber ist eine grosse Menge wichtiger in die Rechts- und Gerichtsverhältnisse des Hochstiftes Wirzburg und Herzogthums Franken eingreifender Bestimmungen und Gesetze in grösseren wie kleineren Sammlungen von je zusammengehörenden Bänden eingetragen worden. Es fallen dahin die Libri privilegiorum, die Libri contractuum, die Libri diversarum formarum, die Libri omissorum, Gruppen welche damals bereits in je mehr oder weniger Bänden [3] vertreten waren.

---

[1] Ein dick buch mit britteren gebunden vnd schwartzem leder vbertzogen. stet in dem cantzlei stüblein. darin erstlich die herbst ainigung, volgends aller der ihenigen namen vnd zunamen vertzaichnet die seither bischofen Lorentzen regirung das burgerrecht in der stat Wirtzburg angenomen vnd derwegen erbhuldung thun haben, sambt vermeldung der burgermeistere vnd rathherrn namen die von dem 1525 iar hero gewesen sein.

[2] Darin stehen die ordnung vnd satze aller vnd ieder gewerbe handwercker vnd anderer einwonere zu Wirtzburg zu erhaltung vnd handhabung gutter pollicei gemacht: ist in weissem leder gantz nev vbertzogen.
 In ihm findet sich auch Fol. 47—56' der für die nähere Kenntnies über den Oberrath selbst höchst interessante Unterricht über die Geschäfte des Oberrathsschreibers, am 8. November 1474 von dem Oberrathsschreiber und Bürger Johann Stange gefertigt, und wohl von ihm selbst geschrieben.

[3] Wir begnügen uns hier mit den nachfolgenden Auszügen:
 Priuilegiorum oder freihait buchere. der sein drei bei der cantzlei. eines mit weissem leder vbertzogen ist das cleinest vnd vf perment geschriben. das ander mit rotem leder vbertzogen vnd auch [vf] perment geschriben hat etwan mer freihait in sich begriffen dan das erst. das drit ist ein gros papiren buch mit weissem leder gar vbertzogen. darin stehen registrirt alle vnd iede freihaiten begnadung donation vnd andere priuilegia so dem

Gehen wir insbesondere auf die Bände über welche das fränkisch-wirzburgische Gerichtswesen betreffen, so finden wir vor allem die ver-

stift Wirtzberg durch die gewesene bapste kaisere vnd konige vber des gemelten stifts vnd seines incorporirten hertzogthumbs landgericht regalia herligkait obrigkait gerichte samt solle vnd andere recht vnd gerechtigkait gegeben worden.
  Zu dem letzten ist von anderer Hand bemerkt: wurd genant: priuilegiorum maior oder Laurentij.
  Hinsichtlich der Libri contractuum heisst es:
  Die buchere darin des stifts Wirtzberg kauf abwechslung vnd andere vertrege registrirt sein hat man libros contractuum genennet, vnd mit den selben zu registriren erst bei bischof Johansen von Eglofstein zeitten angefangen, das man daruor kein contract buch findet, vnd die bei allen volgenden hern continuirt wie hernach vertzaichet stet:

Bischof	Johanns von Eglofstein hat ain Johanns von Brun hat ain Gotfrid von Limpurg hat ain Johans von Grumbach sein im ersten bischof Rudolfen contract buch registrirt. Rudolf von Schernberg hat funf Lorentz von Bibra hat zway Conrad von Thungen hat zway Conrad von Bibra vertrege sein im andern contract buch bischof Conraden von Thungen registrirt. Fridrich von Wirsberg hat ein	contractbuch.

  Dem auch in der Folgezeit aufmerksam fortgesetzten Stand dieser Contractbücher wie der alsbald folgenden Libri diuersarum formarum und der Libri omissorum weisen die von späterer Hand den hier aufgeführten einzelnen je beigesetzten Bemerkungen nach.
  Was sogleich die Libri diuersarum formarum anlangt, lesen wir:
  Neben den vorgemelten contract- [schuld-] vnd andern huchern haben die alten hern auch buchere gehabt, darin sie allerlei anderer form brieue vfzaichen vnd schreiben lassen, vnd die selben darumb „diuersarum formarum" gehaissen. vnd hat bischof Johans von Brun zum ersten damit angefangen vnd ein solch buch gemacht.

Bischof	Gotfrid von Limpurg hat auch eins. Johansen von Grumbachs diuersarum formarum ist in das erst contractuum Rudolfi gebunden. Rudolfen von Schernberg diuersarum formarum stet im andern buch seiner contractuum. Lorentz von Bibra hat ain sunder diuersarum formarum. Conrad von Thungen hat zwei diuersarum formarum. in dem ersten sten seine briefe alleine. ju dem andern sein bischof Conraden von Bibra und bischof Melchior Zobel registrirt. Fridsrich von Wirsberg hat auch eins.

  In Bezug endlich auf die Libri omissorum ist folgendes bemerkt:
  Bischof Conrad von Thungen liesse anno 1529 alle vnd iede brife vnd schriften die vf vnser frawen berg in einem sondern dartzu geordenten gewelbe vleissig ersuchen, vnd welche hieuor nit abgeschriben waren die selben in ein sunder buch abcopiren. dem

schiedenen Gerichtsbücher und namentlich die auf das kaiserliche Landgericht des Herzogthums Franken sich beziehenden Bände, die Malefizbücher, die Urfehdebücher, die Achtbücher, das Zentbuch.

Von den Gerichtsbüchern im allgemeinen heisst es:

Gerichtsbücher vnd sachen vor	den rathen in der cantzley, dem hofgericht, dem lehengericht;	die hat der gemein gerichtschreiber, itzunt Hans Jacob,[1]) vnter handen.
	dem kaiserl. kamergericht, den erlangten comissarien, [dem] landgericht.	die hat der furstlich sindicus, itzunt Georg Seusz[2]) vnter seinen handen.

Hinsichtlich der auf das kaiserliche Landgericht des Herzogthums Franken insbesondere sich beziehenden Bände vernehmen wir kürzlich: Landgerichtsbuchere darin die gerichtlichen handlungen so vor dem landgericht geubt worden geschriben stehen ligen in dem vntern cantzlei gewelb welchs der wirtzburgisch sindicus in verwaltung vnnd sonderem beuelch hat.[3])

Was die Malefizbücher anlangt, heisst es: deren sein zwai bei regirung bischof Couraden von Thungen angefangen, darin der ihenigen namen nach ordnung des A.B.C. angetzaigt werden die verschulter sache vnd verwurkung halber in gefengnus getzogen vnd gestraft werden. vnd stehen in dem ersten alein die maleficia so sich in der stat Wirtzburg vnd irer mark zugetragen, in dem andern die maleficia so sich ausserhalb Wirtzburg hin vnd wider im stift machen vnd begeben. vnd

---

selben buch ward der name „omissorum" gegeben. ist dick, mit weissem leder halb vbertzogen, vnd gar vol geschriben. vnd wider ein newes gemacht, das ander buch omissorum genant.

1) Er erscheint bei der Publication von des Fürstbischofes Melchior von Zobel Kanzleiordnung vom vierten Osterfeiertage des Jahres 1551 nach dem Botenmeister Johann Schätzler noch mit Johann Helffer.

2) Ihn treffen wir als Gebrechenschreiber und Syndicus bei der Publication von Fürstbischof Friedrichs Kanzleiordnung vom 16. Juni 1559. Unter- oder Hofschultheiss zu Wirzburg wurde er am Tage Cathedra Petri des Jahres 1564.

3) Diese ist von anderer ziemlich gleichzeitiger Hand beigesetzt: itzt Nicklas Muscaberger camergerichtsschreiber in beuelch.

Er begegnet uns als „Cammergerichts sachen schreiber" bei der Publication von Fürstbischof Friedrichs Kanzleiordnung vom 16. Juni 1559.

wurt bei ieder persone in sonderhait angetzeigt was si verwurkt hab vnd wie sie gestraft oder aus gelassen worden.

Bezüglich der Urfehdebücher wird bemerkt: die ihenigen so in malefitz hendeln gegriffen oder sunst aus verdacht oder anslag zu verhaft genomen, aber vf straf vertrege oder in andere wege wider ausz gelassen werden, die muszten gewonlich verburgte oder zum wenigsten geschworne besigelte vrphede vber sich geben. solche vrphede sein in zwei buchere registrirt. das erst ist bei bischof Lorentzen von Bibra zeitten angefangen, vnd stet bei seinem achtbuch gebunden. das ander bei bischof Conraden von Thungen, vnd ist ein sunder buch daruf „vrphed" geschriben stet. das wert noch.

Was die Achtbücher betrifft, heisst es, dass darin dieihenigen so vmb irer widerseessigen vngehorsme willen durch die regirende fursten in die acht gesprochen worden mit iren namen vnd zunamen vertzaichnet stehen, auch vf wes unruffen solchs bescheen, vnd welchen aus inen vf furbite vnd gemachten vertrag ir landrecht wider gegeben worden ist. Was ihre Zahl anlangt, vernehmen wir näher darüber: Diser bucher sein zwei. eins bei regirung bischof Lorentzen von Bibra vfgericht, in brittere eingebunden, darbei auch die vrphede seiner zeit gegeben verzeichet sein. das ander[1]) bei regirung bischof Conraden von Thungen gemacht, vnd auch in brittere gebunden, dabei die glaite von ime gegeben geschriben sein. vnd erstreckt sich das selb achtbuch bis in bischof Melchiors regirung.

Bezüglich des Zentbuches endlich erfahren wir nachstehendes: das im stift Wirtzburg vnd hertzogthumb zu Francken niemant zent haben noch den zentban verleihen solle dan ein bischof zu Wirtzburg als der hertzog zu Francken, wie vil zent im stift sein, wie der blutban verlihen werde, was fur zentordnung vnd reformation vorhanden, dauon ist ein sunder buch gemacht.

Abgesehen hievon waren in gerichtlicher Beziehung auch noch von

---

1) Auf dieses bezieht sich auch folgender anderweiter Eintrag: Gevrteilte am bruckengericht sind bei zeitten bischof Conraden von Thungen in sein achtbuch verzaichet, vnd gegen desselben zu volstreckung der vrtail vnd einbringung des acht schats ferner der gebure gehandelt worden.

Wichtigkeit die Rathsbücher und die sogenannte tägliche Registratur. Hierüber lässt sich unser Verzeichniss folgendermassen vernehmen.

Aus den ambten vnd kellereien des stifts Wirtzburg, auch von anderen auswendigen frembden orten komen teglich vil clag supplication vnd andere schriften in die cantzlei fur die furstlichen rathe, darin die stifts verwanten etlicher sachen halben angetzogen, auch oftmals — sonderlich so es von nöten geacht — gegen dem clagenden wil gehoret vnd zum merern mal nach billigkait gutlich vertragen werden.[1]) vnd wurd auch des gemelten stifts Wirtzburg ambtleuten, kellern, schulthaissen, vogten, zentgrafen, richtern, schopfen, rathen, forsteren, dorfmeistern vnd gemeinden in iren obligen vnd zweifelen vf ir ansuchen ieder zeit rath vnd entschaid mitgetheilt: vnd solchs alles mit seinem dato in sundere buchere ordenlich vertzaichet, welche der rathschreiber in seiner verwaltung ligen hat.

Unter dem Schlagworte „Registratur" sodann lesen wir: Kurtzlich hieoben ist angetznigt, was fur schriften handlung vnd sachen teglich in die cantzlei fur die furstlichen rethe komen, vnd zum merern theil daselbst vertragen vnd abgefertigt werden, das ist durch muntlichen furtrag antwort vnd entschaide. daneben komen auch vil missiuen, supplication, vnd andere schriften fur si, vf welche man kein muntliche verhore noch tagleistung furnimbt, sonder allein schriftliche antwort gibt. die selben suchen vnd handlung, auch doruf geuolgte antwort vnd beschuid werden summarie auch in sundere bucher dar zu verordent eingeschriben vnd vertzaichet nach ordnung des A. B. C. der ansuchenden zunamen, tag vnd jarzale. vnd heist man solche buchere: registratur teglicher handlung. Hiernach heisst es noch: Des registrator ambt ist, solche briue vnd schriften an geburende ort aigenlich zuerlegen, damit er die selben zu ferner notturft geweislich wider finden vnd vfzulegen wisse.

Natürlich konnte es auch nicht fehlen, dass abgesehen von anderen Streitigkeiten zwischen dem Hochstifte Wirzburg beziehungsweise Herzogthum Franken und den benachbarten Territorien auch solche über die

---

1) Am Rande ist hieru von späterer Hand bemerkt: Alles mundlichenn.

Competenz der betreffenden Gerichte wie überhaupt das Gerichtswesen oft mehr als gut gewesen auftauchten. Die geschichtlich wie sonst nicht minder wichtigen als auch interessanten Verhandlungen hierüber sind in den sogenannten Gebrechenbüchern gesammelt, welche je nach den einzelnen Ländern — wie beispielsweise Bamberg, Henneberg, Sachsen, Wertheim und dergleichen — eingerichtet sind.

Was weiter das Hofgericht zu Rotweil anlagt, ist über dessen Ordnung in aller Kürze bemerkt: Ordnung des rotweilischen hofgerichts find man im buch darin die halsgerichtsordnung stehen.

Was diese selbst anlangt, äussert unser Verzeichniss: Bischof Georg von Bamberg des geschlechts von Limpurg hat anno 1507 ein gemeine Halsgerichtsordnung stellen machen trucken vnd allenthalben in seinem stifte ausz gehen vnd verkunden lassen. ligt in brittere eingebunden in dem cleinen cantzlei stüble. Und unmittelbar darnach weiter: So hat kaiser Carl der funft anno dominj 1532 mit rath vnd bewegung der churfursten fursten vnd gemeiner stende ein halsordnung begriffen vnd in einem offen truck im reich ausgehen lassen. disz buch in britter eingebunden vnd halb mit weissem leder vbertzogen ligt in dem egemelten cantzlei stublein. vnd ist die vorgedacht bambergisch halsgerichtsordnung am ende auch darzu gebunden.

Geben wir endlich noch zum kaiserlichen Kammergerichte über, so begegnet uns folgende Bemerkung: In den reichsordnungen vnd abschiden ist vnter anderm lautter versehen, wie die personen des kayserlichen camergerichts vnd regiments ausz den zehen reichs kraissen gewelt vnd presentirt werden sollen. vnd wiewol in dem franckischen reichs kraisz die fursten Bamberg Wirtzburg Aistat vnd Brandenburg, auch die grafen hern vnd reichs stete darin gesessen vnd begriffen fur kreis stende angetzogen werden, so ist doch die warhait, das so oft es die notturft eruordert hat die gemelten vier fursten allein vnd ausserhalb der berurten grauen hern vnd stete die personen an das camergericht gewelt vnd presentirt haben, wie dan in besetzung des gemelten camergerichts vnd regiments bald nach dem reichstag anno 1521 zu Worms gehalten auch bescheen. als aber kurtzlich darnach die selben presentirte vnd angenomene personen abgingen, vnd man andere presentiren solte, wolte marggraue Casimir mit den geduchten dreien

geistlichen fursten allein mit mer welen, sunder die grauen hern vnd
stette darbei haben. wie sich nun die drei geistliche fursten des beschwert, derwegen an kayserliche majestat supplicirt, vnd was fur
beschaid doruf gefallen, auch wie es ferner gehandelt, ist in ain sunder
buch registrirt. das ligt sambt den originalien im cantzlei stüblein in
einer laden daran „presentation" geschriben.

Das also sind die Hauptquellen in der Werkstätte des Schaffens
für unseren Lorenz Fries unter drei Fürstbischöfen von Wirzburg. Hier
war er vergnügt in seinem Wirken, geschätzt und geehrt von diesen
Herren, des Dankes der Nachwelt eben so würdig als auch sicher, bis
ihn am 5. Dezember 1550 der Tod aus seiner gewohnten Thätigkeit
riss, und seine irdischen Ueberreste auf der südöstlichen Seite des
Kreuzganges im wirzburger Dome ihre Ruhestätte fanden. Er selbst
bemerkt bei Gelegenheit der Verzeichnung einer Schenkung welche ihm
Fürstbischof Konrad von Thüngen im Jahre 1525 machte [1]) in seiner
naiven und gemütblichen Weise: Dieser L[orentz] F[ries] hat treien
fursten — nemlich bischof Conraten von Thungen, bischof C[onraten]
v[on] B[ibra], vnd bischof Melchior Zobeln — vil jare mit vleis getreu-
lich vnd vnderthaniglich gedienet, ist auch ser gnediglich von jnen
gehalten vnd begabt worden. Und ganz unmittelbar hienach wendet
er sich an das jüngere Archiv- beziehungsweise Kanzleipersonal mit der
väterlichen ihn selbst ehrenden und hebenden Ermahnung: Darumb,
junger cantzlei schreiber, wilt du gefurdert werden, so sei fursichtig
vleissig willig vnd vnuertrossen, dan dem alten sprichwort nach stehn
vast ehrlich vnd getrewe dienere vnd gnedige heren wol bei ain ander.

Schon oben S. 152 haben wir bemerkt, dass verschiedene Schriften
welche — abgesehen von seiner Geschichte des Bauernaufstandes in
Franken im Jahre 1525, wie abgesehen von seiner Historie oder Chronik

---

[1]) In der sogenannten hohen Registratur I Fol. 181 unter dem Schlagworte Fries: Bischof
Courat von Thungen hat seinem secretari Lorentz Friesen von Mergetheim ain kramladen
in der judengassen vnd zwen morgen weingarten im Grass gelegen, so hieuor Georgen
Schappel spenglers gewesen, geschencket. in primo eiusdem contractuum Fol. 142 vnd 142'.

des Hochstiftes Wirzburg und Herzogthums Franken — für die fränkisch-wirzburgische Rechtsgeschichte und insbesondere für das fränkisch-wirzburgische Gerichtswesen von Wichtigkeit sind den Studien ihre Veranlassung verdanken welche er in dieser Thätigkeit zu machen Gelegenheit und Lust hatte, Schriften grösseren wie kleineren Umfanges, Schriften welche leider theilweise verloren sind. Wir halten eine Aufzählung der mehr oder minder wichtigen um so eher nicht für überflüssig, als sie einmal ein helleres Licht als bisher über die eben so unermessliche als allseitige Thätigkeit des Lorenz Fries verbreiten, und auf der anderen Seite eben hiedurch eine umfassendere Würdigung desselben im einzelnen wie im ganzen ermöglichen.

An die Spitze lässt sich wohl seine grossartige Realencyclopädie über das Hochstift Wirzburg und Herzogthum Franken stellen, von welcher bereits oben S. 151 die Rede gewesen, und über welche noch weiter unten gehandelt werden muss.

Abgesehen hievon dürfen wir wohl eine geographisch-topographisch-statistische Arbeit über das Hochstift Wirzburg und Herzogthum Franken in einem Werke erkennen worüber sich in dem Schlagworte „Ambtbuch" in dem mehr erwähnten alphabetischen Verzeichnisse Schätzlers bemerkt findet, es sei ein ambtbuch[1]) da in welchem alle vnd iede ambte in sonderhait sambt iren zu- vnd eingehorigen dorfern weilern hefen vnd mulen ordenlich vertzaichent stehen: ist aber noch nit gar gefertigt. Dass dieses Werk von Lorenz Fries stammt, wird wohl keinem Zweifel unterliegen, indem wir hiezu von späterer Hand ausdrücklich beigeschrieben finden: Jst jn gelb pergamen gebunden. Friesen handschrifft. ligt jm langen schrenklein jm obern gewelb. Ganz ausdrücklich bemerkt auch Schätzler in einem der Landeshuldigungseinnahmebücher bei der Verzeichnung derjenigen, welche sich der Erbhuldigung an Fürstbischof Friedrich im Jahre 1558 widersetzt haben Fol. 127: so zaigt magister Lorentz Fries in seinem ambtbuch der stet

---

1) In welchem Verhältnisse hiezu das von Prof. Dr. Contzen in dem von ihm erstatteten Jahresberichte des histor. Vereines von Unterfranken und Aschaffenburg für 18⁵⁶/₅₇ und 18⁵⁷/₅₈ bei Gelegenheit der von ihm beabsichtigten Herausgabe der „Geschichtsquellen des Bistums Wirzburg" S. 18 unter d aufgeführte statistische Werk „ampt, stätt, dörffer des stifts Wirtzburg" von Lorenz Fries steht, wissen wir nicht.

vnd dorffer ane, das u. s. w. Sogleich auf Fol. 129 sodann hat er eine Stelle aus demselben über das Dorf Obereisfeld aufgenommen. Weiter äussert er auf Fol. 143': Magister Lorentz Friesen hat in seinem ambtbuch gesagt, das si alle zu Geboltzhausen raisen.

Eine besondere **Arbeit über die Stifter und Klöster des Fürstbisthums Wirzburg** wird von Ludewig und Crusius[1]) erwähnt. Wir entnehmen selbe der eigenen Bemerkung des Lorenz Fries in der sogenannten hohen Registratur I Fol. 81 unter dem Schlagworte (Kloster) Camberg: dauon auch in dem buch so von den closteren vnd stifften im bistumb Wirtzburg geschriben worden ist, welche Stelle früher gelautet: so ich von den closteren vnd stifften im bistumb Wirtzburg geschriben habe.

Eine eigene **Abhandlung über das Kloster Ebrach** möchte in der Stelle der sogenannten hohen Registratur I Fol. 137 angedeutet sein: Ebrach dus closter vff dem Staigerwald zu vnser lieben frawen genant, wan das gestifft, wie es vfkomen, vnd welcher gestalt vnd massen es ainem ieden bischofe zu Wirtzburg verwant vnd zugethan, dauon ist ain sunder buch gemacht, bei der anderen ebrachischen hendel vnd clage ligend.

Auch ein „**Adelbuch**" war von ihm vorhanden. Er erwähnt desselben in seiner Chronik oder Historie von Wirzburg[2]) selbst.

Aber nicht allein hierüber handelte er gesondert. Auch andere wichtige Gegenstände erscheinen in eigenen Schriften. So alles was auf **Forst- und Wildbannverhältnisse** Bezug hatte, weiter alles was mit **Raise und Folge** u. s. f. in Zusammenhang stand.

Bezüglich des ersteren äussert er in der sogenannten hohen Registratur I Fol. 136 unter dem Schlagworte Eberer oder Eberner wald: such in dem buch von des stiffts Wirtzburg wiltpannen wälden vnd forsten gemacht, welche Stelle er ursprünglich so geschrieben hatte: in dem buch so ich von des stiffts Wirtzburg wiltpannen wälden vnd forsten gemacht habe. Eben daselbst I Fol. 172' lesen wir: Von des

---

[1]) Vgl. über beide die oben S. 161 in Note 2 erwähnte Schrift von Heffner und Dr. Reuss S. 32 mit den Noten 2 und 3.
[2]) Vgl. ebendaselbst S. 31 unter Nr. 4.

stiffts Wirtzburg forsten forstern forstambten huben und rechten etc. auch an seinem sunderen orte im wildbann. Weiter heisst es I Fol. 368 unter „Krainschnit oder Cramschatz" bezüglich der Streitigkeiten zwischen dem Hochstifte und den mit dem Forstamte dortselbst belehnten Herren von Grumbach: von dem allem, vnd wieuil der forstambt sind, vnd wa die herraichen, auch wie zwischen baiden parteien verhöre vnd handlung furgenomen, findestu sambt anderen berichten ordenlich geschriben in ainem buch so uber des stiffts wälde vnd förste gemacht ist. Auch in II Fol. 252 unter dem Schlagworte „Saltzforst" bemerkt Schätzler: wie der an stift komen, vnd was recht vnd gerechtigknit der stift doran hat, dauon such in seinem quatern „forst, weld, wildbann" etc. vnd hat maister Lorentz Fries rath vnd secretari ein vertzaichnus vber das forstrecht gemacht. leit in der laden „forst, weld, wildbann" im stuble in der cantzlej. Ferner wird in III Fol. 82' noch von späterer Hand bemerkt: etzlich quatern von Friesen ausgetzogen jn ein weiss pergament eingehefft, darauff forst weldt wiltban, ein meldung aller des stiffts wiltbän wie die selben beiagt vnd verliehen werden, ligt bei seiner registratur jn der truehen.

Hinsichtlich des anderen der vorhin berührten Gegenstände heisst es in der sogenannten hohen Registratur II Fol. 17 (oder Fol. 393 der von 1 hinüber fortlaufenden Zählung) am Schlusse des Wortes Burcklehen: von solchen burgmenneren vnd burglehen, auch wieuil derselben ain iedes haus gehabt, ist in dem buche von des stiffts raisen froenen diensten etc. gemacht nach der lenge angezuigt. In 1 Fol. 93' lesen wir: burgmennere vnd burggutere zu Carlburg, were die vor alter gewest vnd itzund sind etc. dauon auch im raisbuch. Eben daselbst I Fol. 292' lautet der Artikel „Hennenberg" ganz kurz: Von dem herkomen der grauen vnd heren von Hennenberg, wie die etwan des stiffts Wirtzburg oberste vögte vnd burgrauen zu Wirtzburg gewest, vnd noch des gemelten stiffts Wirtzburg obererbmarschalck sein, wie die ainen ietzutzeiten bischofe zu Wirtzburg als hertzogen zu Francken alwegen fur iren landsfursten vnd heren erkent gehalten geehret vnd ime gedienet haben, wan auch vnd welcher gestalt si furstmessig gemacht worden, gedenck ich, ob got will, an ainem anderen sunderen orte — vnd nemlich in dem raisbuch — antzutzaigen, vnd dabei etlicher alter grauen von Hennenberg namen sunderliche handlung vnd thaten an tag zugeben, wie du es dann nach der lenge daselbst finden wurdest. Ist schon hiernach nicht zu zweifeln dass wir es mit einer Schrift des Lorenz Fries zu thun haben, so geht dieses noch vollends unzweideutig aus dem Artikel „Burggut, burckhut, burckmennere, vnd dergleichen" am augeführten Orte I Fol. 77 hervor, woselbst es heisst: dauon nach der lenge in dem buch von den zenten volgen vnd raisen etc. gemacht, welche Stelle er anfänglich so gefasst gehabt: in meinem buch von den zenten volgen vnd raisen etc. gemacht.

Auf solche Weise sind wir von selbst schon auf das **Zentbuch** geführt, und hiemit auf die eigentlich rechtsgeschichtlichen und namentlich das Gerichtswesen des Hochstiftes Wirzburg und Herzogthums Franken berührenden Schriften unseres Magister.

Schon oben S. 162 haben wir aus Schätzlers Verzeichniss der Archivalbände der fürstbischöflich wirzburgischen Kanzlei bezüglich des Zentbuches die Mittheilung aufgenommen: das im stift Wirtzburg vnd hertzogthumb zu Franken niemant zent haben noch den zentbun verleihen solle dan ein bischof zu Wirtzburg als der hertzog zu Franken, wie vil zent im stift sein, wie der blutban verlihen werde, was fur zentordnung vnd reformation vorhanden, dauon ist ein sunder buch gemacht. Am eben angeführten Orte findet sich auch unter dem Schlagworte „Glait vnd vergleitung" die Nachricht: Wa aus, wahin, vnd wie weit ein bischof zu Wirtzburg als der landsfurst zuuergleiten habe, dauon ist ein sondere verzaichnus gemacht: die stet am ende des gemainen zentbuchs. In der sogenannten hohen Registratur I Fol. 305 ist über „Hohenaich die zent" ganz kurz bemerkt: dauon such im zentbuch. Dass hierin eine Arbeit des Lorenz Fries zu erkennen sein wird, möchten wir darnach nicht bezweifeln dass er ebendort I Fol. 71' unter dem Schlagworte „Bruckengericht vnd bruckengerichtsschreiber" sagt: dauon auch in dem buch von den zenten in sonderheit gemacht, welche Stelle ursprünglich lautete: in dem buch so ich von den zenten in sonderheit gemacht hab. Eben daselbst I Fol. 75' spricht er sich unter „Burckebrach" gleichfalls unumwunden dahin aus: von der zent daselbst such in meinem zentbuch. Auch eine Stelle unter dem Buchſtaben Z im Liber antiquus diversarum, welche bei Erwähnung der Zentreformation des Fürstbischofes Gottfried vom Jahre 1447 neben den bambergischen Gebrechenbüchern sich auf „Friesen Ausztzug vber die zenten circa jnitium" beruft, mag hier in Betracht kommen, wobei nur zweifelhaft bleibt, ob wir darin das bisher behandelte Werk oder etwa noch einen besonderen von ihm daraus gemachten Auszug anzunehmen haben. Weiter dürfte vielleicht noch angeführt werden, dass zu dem Eintrage im Liber I diversarum formarum Laurentii Fol. 8 „von peinlicher rechtuertigung vnd frage" Lorenz Fries an den Rand beigeschrieben hat: Ordnung in peinlichen rechtuertigungen vnd fragen, wozu dann seinerzeit von einer anderen späteren Hand angemerkt ist: vide zent buch Frisei Fol. 45. Eine andere dergleichen Verweisung endlich treffen wir auch im ersten Bande eines späteren alphabetischen Repertoriums über die im wirzburger Archive über diese und jene Aemter vorhandenen Originalurkunden beim Amte Aschuch, woselbst zu einer aus der sogenannten hohen Registratur I Fol. 30' augezogenen Stelle ausdrücklich bemerkt ist: Zentbuch Frisaei Fol. 62, welche Verweisung denn dann auch wieder der betreffenden Stelle der hohen Registratur selbst beigesetzt ist.

Von besonderer Bedeutung sodann ist seine **Arbeit über das Herzogthum Franken und das kaiserliche Landgericht desselben.** An den verschiedensten Orten wird hievon gesprochen. Aus der Chronik oder Historie von Wirzburg haben Heffner und Dr. Reuss in ihrer mehr erwähnten Schrift über Lorenz Fries S. 29 und 30 unter Ziffer 1 vier darauf bezügliche Stellen mitgetheilt. Wir wollen hier eine Anzahl anderer aus der sogenannten hohen Registratur veröffentlichen. In I Fol. 296' lesen wir unter dem Schlagworte „Hertzogtumb zu Francken" folgendes: Wie das an den stifft Wirtzburg komen, auch von seinen rechten gerichten vnd gewonhuiten jst ain sunder buch gemacht. In I Fol. 265 heisst es unter „Hall im Kochen" oder Schwäbischhall bezüglich der Rechtfertigung von Bürgern und Hintersassen daselbst im Landgerichte des Herzogthums zu Francken: dauon auch hernach im buch von dem landgericht gemacht. In I Fol. 309' ist unter „Hohenloh" am Schlusse bemerkt: Wie Hohenlohe ain graue zum stifft Wirtzburg gehorig sei, dauon auch ferner im buchlein landgericht. In I Fol. 344

findet sich die Verweisung: Kampfrecht auch im buch vom landgericht des hertzogthumbs zu Franken. In II Fol. 5 (oder Fol. 380 der von I hinüber durchlaufenden Zählung) wird berichtet: Wie den verurtailten vnd geaechteten ir landrecht genomen, si verwisen vnd verbant werden, desgleichen so si sich vertragen wider aus dem ban vnd acht getban vnd in ir landrecht gesetzt werden, such im landgerichtsbuch. In II Fol. 9' (beziehungsweise Fol. 384' der von I hinüber durchlaufenden Zählung) erfahren wir unter dem Worte Landshuldung: wie den jhenen so mit vrtail vnd recht in die acht gesprochen vnd ires landrechten entsetzt vf vertrag wider landshuldung gegeben werde, dauon auch im landgerichtsbuch. In II Fol. 116 beziehungsweise 499 heisst es unter Neutzenheim bei Gelegenheit der Erwähnung dass das Hochstift in diesem Dörflein nur einen Mann sitzen habe, während die anderen dem Ritter Ludwig von Hutten zugestanden, dass aber doch der Fürstbischof von Wirzburg ihr aller Landesfürst sei: dauon auch im landgerichtsbuch. In II auf S. 19 der zwischen Fol. 163 und 164 eingeschobenen Lagen über die Privilegien bemerkt Schätzler bei Gelegenheit der Worte „Landgericht landrecht landsgewonhait" ganz kurz, dass Magister Lorenz Fries darüber ein sonder buch angefangen zu schreiben. Weiter äussert er in II Fol. 167 unter Radentzgay folgendes: von diser gegent ist in des stifts cronica im leben bischof Leutrichs, bischoff Wolfgeren, vnd bischof Arns nach der lenge antzaigung bescheen: dauon beschicht noch bessere meldung in dem buch maister Lorentz Friesen secretari vber das landgericht angefangen, welchs nach notturft ausgetzogen vnd beschriben. Lorenz Fries selbst lässt sich in I Fol. 2 am Schlusse des Wortes Acht in nachstehender Weise vernehmen: Wie ain bischofe zu Wirtzburg als der hertzog in Francken die geurtailten an des hertzogthumbs landgericht aigner person in die acht spricht, wie die geachten wider absoluirt werden, wie auch nach der acht wa kain absolutien volgt ferner procedirt werde, vnd dergleichen sachen vnd handlungen findest du ordenlich in dem buch so vber das gemelt herzogthumb in Francken vnd desselbigen landgericht gemacht worden ist. Anfänglich hatte er diesen Schluss so gefasst gehabt: so ich vber das gemelt hertzogthumb in Francken vnd desselbigen landgericht gemacht habe. Ganz deutlich spricht er sich auch in I Fol. 238' unter dem Artikel

„Grauen freien vnd die riterschafft im stifft Wirtzburg" bezüglich der goldenen Bulle Kaiser Friedrichs I vom 10. Juli 1168 dahin aus: von disem priuileg vnd wie das furter von den nachuolgenden kaisern vnd kunigen bestetigt worden ist, dauon auch in dem buch so ich in sunderhait von dem hertzogtumb Francken vnd seinem landgericht gemacht hab.

Noch können wir hier nicht schliessen ohne einer Arbeit desselben zu gedenken welche die weltlichen wie geistlichen Gerichte des Hochstiftes und der Stadt Wirzburg (wie des Herzogthums Franken) behandelt.

Endlich muss auch noch seines bekannten für die schriftliche Feststellung der fränkischen Landesgebräuche so wichtigen sogenannten Projektes Erwähnung geschehen, welches die Grundlage für die in dieser Beziehung erfolgten gesetzlichen Bestimmungen geworden, worüber insbesondere Schneidts Thesaurus juris franconici I S. 3—34, 94—105—192 verglichen werden mag.

Bei diesen verschiedenen Schriften ist neben der geschichtlichen eine gewisse zum Theile ganz vorzugsweise praktische auf die Bedürfnisse des Archives und der Kanzlei des Hochstiftes Wirzburg gerichtete Rücksichtnahme nicht zu verkennen welche zu ihrer Anfertigung die Veranlassung gegeben, und welche auch auf ihre Geschicke wesentlichen Einfluss geübt hat. Wie sie lediglich aus amtlichen Quellen [1]) gezogen wurden, wovon wir einen namhaften Theil oben S. 154 — 165 näher bezeichnet haben, sollten sie auf der anderen Seite wenn auch nicht ausschliesslich so doch insbesondere wieder den Bedürfnissen des Amtes dienen.

---

1) Archiva — äussert sich auch Johann Georg v. Eckhart in der Vorrede zu seinen bekannten Commentarii de rebus Franciae orientalis et episcopatus wirceburgensis — illi patebant non solum principale, sed et id quod est reverendissimi capituli cathedralis in quo antiquiora diplomata asservantur. Bibliotheca quoque ejusdem capituli usus est, et multa vidit quae jam frustra quaeras. Hinc sua excerpsit, et tanta erat ipsius diligentia ut ex diplomatibus et chartis veteribus in jura omnia et consuetudines hujus episcopatus inquireret, loca singula, urbes oppida, pagosque et fluvios, praeterea amnes, silvas, et quae circa singula notatu digna erant annotaret; nec praetermisit verba chartarum intellectu difficiliora; atque inde quoddam valuti inventarium aut si mavis dictionarium composuit, quod nondum editum crasso volumine continetur asservatur atque in rebus dubiis consulitar.

So ist es denn — was die Quellen anlangt — nicht übermässig schwer, dieselben für so und so viele der berührten Schriften ganz oder zum Theile aus den vorhin bemerkten Bändereiben wie anderen Archivalien nachzuweisen. Wir werden wohl in keinem gefährlichen Irrthume befangen sein, wenn wir uns das oben S. 166/167 erwähnte Amtbuch zum grossen und vielleicht grössten Theile als aus den fast durchgehends höchst interessanten Landeshuldigungseinnahmebüchern entstanden vorstellen. Auch die Hauptquelle für die vorhin S. 168/169 bemerkte Arbeit über Raise und Folge u. s. w. haben wir wohl nirgends anders zu suchen als in zwei gleichfalls noch im Archive vorhandenen je alphabetisch nach den einschlagenden Orten eingerichteten Foliobänden, deren erster am Rücken die Aufschrift „Anlag atzung frohn raisz" hat, während der zweite mit „Anlag erbhuldigung frohn raisz folge" überschrieben ist, deren einzelnen Produkten der weitaus überwiegenden Mehrzahl nach von Lorenz Fries die Betreffe überschrieben sind, von welchem sich auch beispielsweise Concepte von Schreiben an diese und jene Aemter in den angegebenen Betreffen auf S. 404, 408, 414, 418, 420—422, 570 des zweiten Bandes aus den Jahren 1526, 1529, 1536, 1538 finden, wie weiter im Eingange desselben S. 1 folgende für dieses ganze in früherer Zeit so ungemein wichtige Gebiet interessante Mittheilung von ihm steht:

Nachdem vff die anlag der gemainen thurckenbilff so vnser gnediger furst vnd herr von Wirtzburg etc. vergangen tagen allenthalben in seiner furstlichen gnuden stifft ausgeschrieben von etlichen orten herein bitzetel oder supplicationes seinen furstlichen gnaden vnd sunst in die cantzley vbergeben, darin sich die vnterthanen der anlag — als solt die gegen anderen iren nachbaren zurechen etwas vbermessig vff si geschlagen sein — [beschweren], daruf die räthe die handlung solcher anlag für sich genomen zuberatschlagen vnd dahin zurichten das die ainem ieden gleich vnd des andern halb souil moglich vnnachtailig sein mogt, vnnd demnach die itzigen vnd vorige rais verzaichnus so kurtzuergangen jaren vff hochgenanten vnsers gnedigen herrn begeren die amptleut herein geschickt für hand gezogen, die besichtigt, vnd befunden das die zum mererntail — villeicht aus vngeschicklikait der amptleut — vnordenlich dunckel vnd mangelhafftig vffgezaichet worden, dergleichen das es mit laistung

der rais in ainem ampt stat vnd flecken anders dan in den anderen
bisher gehalten vnd gebraucht: nemlich haben etliche orto leut geschickt
die sich selbs verlegen müssen, vnd sind dieselben alwegen vber xiiij
tage mit andern abgewechselt, etliche vnterhalten ire geschickten gar
von der gemainde, etliche zum halbtail, und was si daruber bedorffen,
müssen si — die geschickten — selbs darlegen vnd tragen: nu haben
aber die räthe bedacht das das best sein solte, wa ain gleichmessiger
anschlag allenthalben in den ampten bey der gaistlichen vnterthanen
vnd den jhenigen die dem stifft zuraisen schuldig gemacht vnd dermassen vfgericht werden mogt, wa es zu schulden keme das man
ainer antzal volcks notturfftig, die were klain oder grosz, das man
die von stundan aines ieden flecken oder orte gelegenhait antzal vnd
vermogen nach ausgetailt, vnd dieselben vnsers gnedigen herren oder
seiner furstlichen gnaden nachkomen gefallen — wie sich dann die
vnterthanen verschriben — an leut oder gelt eruorderen konte.

Dieweil aber solchs nit wol statlich beschehen mag, man hab dann
zuuor lauter vnd gruntlich antzaigung, wieuil raispare persone in iedem
ampt, wieuil der gaistlichen auch anderer vom adel vnd sunst verwante
sind die zuraisen schuldig, wa die sitzen etc. haben die räthe — doch vff
verbesserung vnsers gnedigen herren — fur not vnd gut angesehen das
man iemant dartzu verstendig vnd geschickt allenthalben in die ampt
vnd der gaistlichen flecken verordnet hette, solchs aigentlich gruntlich
vnd vnterschiedlich zuerkundigen vnd mit vleysz vffzuschriben: daruber
konte man alsdan sitzen, solchs notturfftig bewegen, vnd volgends ain
entliche bestendige rais ordnung oder anschlag furnemen vfrichten vnd
beschliessen.

Vnnd nachdem sich im jar vilmal von der volg fron atzung leger
dienst vnd dergleichen wegen irrung zutragen, derhalben in der cantzlei
vmb beschaid angesucht, vnd — dieweil in solchem nit vill berichts in
der cantzley ist — man darumb bey den amptleuten die dan vff den
ampten vnbestendig sein ansuchen musz, so doch billicher, wa in solchem
zweyuel zufiel, das man nit bey den amptleuten erfarung thun sonder
die amptleut derwegen beschaid bey der cantzley, vnd also das wasser
im brunen geholt wurde, konte solchs durch dise geschickte zum
vleyssigsten vnd fuglichsten auch erforscht vnd vffgeschriben werden.

Was die Benützung des mehr bezeichneten archivalischen Stoffes durch unseren Lorenz Fries anlangt, lässt sich nicht verkennen, dass er im grossen Ganzen weniger nach den Originalurkunden gearbeitet, welche er aber natürlich bei allen Fällen wo es ihm geeignet schien beizog, als nach den grossen Sammlungen der Copial-Gerichts- Lehen- und anderen Geschäftsbücher[1]) welche die wirzburgische Kanzlei verwahrte.

Ihr wuchs denn auf solche Weise selbst wieder ein trefflicher Zugang in seinen Arbeiten[2]) an. Betrachtete er ja selber sie bereits als dahin gehörige Bestandtheile, indem er hier und dort wie namentlich in der sogenannten hohen Registratur an den verschiedensten Stellen von ihnen als dortselbst befindlichen Hilfsmitteln[3]) spricht, ja theilweise sogar so über sie handelt dass der Charakter der eigenen Arbeiten schon in den Hintergrund getreten[4]) erscheint. Für sie ergab sich denn auch aus

---

1) Schon v. Eckhart hat a. a. O. in missfälliger Weise — wenn auch wohl etwas zu weit gehend — berührt, dass er chartulariis soliis confiderm autographa quorum copia suppetit non consuluerit. Hoc enim modo — knüpft er hieran — scribarum vitia surplus sua fecit, et verbis instrumentorum non recte intellectis alium aliquoties sensum dedit.

2) Auch seine beiden Hauptgeschichtswerke befanden sich dort.
Bezüglich der Chronik haben wir schon S. 149/150 am Schlusse der Note die Bemerkung einer Hand noch des sechzehnten Jahrhunderts zu Schätzlers alphabetischer Verzeichnung der Archivalbände der wirsburger Kanzlei mitgetheilt, dass ein Exemplar derselben „ja britter mit halb rbertzogenem weissem leder jm schrank Philipsen Büttners schrifften" daselbst gewesen.
Was die Geschichte des Bauernkrieges anlangt, wovon er selbst in der hohen Registratur I Fol 148' unter dem Schlagworte „Entbörung oder vfrur" u. s. w. bemerkt: davon hab ich ein sonder buch gemacht darin alle ding ordenlich beschrieben sein, äussert Schätzler u. a. O. unter Baurenkrieg: welcher gestalt sich die vnterthanen im stift Wirtzburg, burgere vnd bauren, anno 1525 wider ire pflicht buld vnd trew gegen irer obrigkait entboret, die vhertzogen vergewaltigt vnd beschedigt haben, auch wie die selben zum teil erschlagen vnd die vherigen wider zu gehorsame bracht gestraft, vnd von newem sein verpflicht worden, davon ist ein sunder buch gemacht. Dass es einmal daselbst verschwunden gewesen, entnehmen wir einer Bemerkung späterer Hand am Rande, welche aber wieder durchstrichen worden: diss buch ist auss dem gewelb kommen vnd verloren worden A° 1568 oder.

3) Wir verweisen beispielsweise auf das was oben S. 167 bei der Abhandlung über das Kloster Ebrach, oder S. 167—169 bei den auf die Forst- und Wildbannverhältnisse sowie auf Haise und Folge u. s. w. bezüglichen Schriften bemerkt worden.

4) Hat er ja selbst an so und so vielen Stellen die ursprüngliche Fassung wonach er sich als ihren Verfasser bezeichnet bereits in eine ganz allgemein gehaltene umgewandelt. Es mag beispielsweise nur verglichen werden was wir oben S. 167 bei der Arbeit über die Stifter und Klöster des Fürstbisthums Wirzburg, oder S. 169/170 beim Zentbuche, oder S. 170—172 bei

diesen besonderen Verhältnissen die Folge, dass sie einer weiteren Verbreitung über den geschäftlichen Kreis hinaus, für welchen sie allerdings die trefflichsten Dienste leisteten und mitunter noch leisten, in der Regel wenigstens nicht theilhaft geworden sind, dass sie eben das wie es scheinen möchte unvermeidliche Los so und so vieler archivalischer Arbeiten — **bescheidene Zurückgezogenheit und allmälige Vergessenheit oder gar der Untergang** — getroffen hat, dass sie einer allgemeineren Anerkennung in der gelehrten Welt so zu sagen bis zu dieser Stunde sich nicht zu erfreuen gehabt.

Ob endlich auch überhaupt all die Schriften des Lorenz Fries wovon bisher die Rede gewesen zu **ihrer vollständigen Ausarbeitung** gelangt sind, das ist eine Frage welche bei dem Umstande dass von so manchen derselben im Augenblicke wenigstens nichts mehr vorhanden ist sehr schwer zu beantworten sein dürfte. Vielleicht liegt auch von so und so vielem was uns noch erübrigt dennoch nicht mehr als lediglich die erste Anlage vor. So findet sich beispielsweise im Archive noch zur Stunde ein nach den Concepten eben des Lorenz Fries von der Hand des bekannten Schätzler überschriebener Fascikel: Magister Lorentzen Friesen secretari auszug ausz den cantzlei büchern

vber
{ forst weld wildban,
zent raisz volg erbhuldung,
glait[1]) strassen furt landwehr,
gulden clein vnd andere zoll,

wobei er noch bemerkt: solche puncten sein noch alle zu extrudirn. Das erste sind die Aufzeichnungen des Lorenz Fries unter „Wiltpann, forste" für das seinerzeit hiefür bestimmte Werk. Das zweite sind seine Excerpte unter „Zent rais volg" für die betreffende hierüber zu fertigende Arbeit. Das Wort „Erbhuldung" ist erst nachträglich bei-

---

der Abhandlung über das Herzogthum Franken und das kaiserliche Landgericht desselben angeführt haben.

1) In Schätzlers alphabetischer Verzeichnung der Archivalbände der hochstiftischen Kanzlei lesen wir unter dem Schlagworte Glait vnd vergleitung: Wa aus, wahin, vnd wie weit ein bischof zu Wirtzberg als der landsfurst zuergleiten habe, dauon ist ein sondere verzaichnus gemacht, die stet am ende des gemainen zentbuchs, aber den besten vnd bestendigsten bericht find man zu Hofe in der cameren.

gesetzt, und entweder sollte sie erst dazu kommen oder ist sie jetzt nicht mehr vorhanden. Das dritte sind seine Auszüge unter „Glait" oder auch noch nach dem später gemachten Beisatze „Strassen, furt, landwehr" zu der hierüber beabsichtigten Ausarbeitung.

In Bezug auf das vierte endlich dürfen wir wohl eine in der hohen Registratur II in der zwischen den Fol. 163 und 164 beim Artikel „Privilegien" eingebundenen Folge von gegen dritthalbhundert eigens gezählten Seiten auf S. 23 befindliche Bemerkung Schätzlers hier anführen: Ochsenfurt gulden zols halben such in seinem — das heisst des Magister Lorenz Fries — buch Zol.

Mag dem sein wie ihm wolle, von den vorhin S. 170—172 an vorletzter und drittletzter Stelle aufgeführten für die fränkisch-wirzburgische Rechtsgeschichte und insbesondere das fränkisch-wirzburgische Gerichtswesen wichtigen Schriften unseres Lorenz Fries gedenken wir nunmehr besonders zu sprechen.

Die Abhandlung über das Herzogthum Franken und das kaiserliche Landgericht desselben ist dem Namen nach schon früher bekannt gewesen. Eigenthümlich aber bleibt es immerhin, dass sie mehr genannt als wirklich benützt worden ist. Ludewig äussert in der Vorrede zu seinen Geschichtschreibern von dem Bischofthum Wirzburg §. 9 unter III nach Anführung zweier auf die betreffende Schrift sich beziehender Stellen aus der Chronik oder Historie des Lorenz Fries S. 494 und 520 folgendes: In jenem Ort will er das Buch nur unter der Feder gehabt, in diesem aber schon verfertiget haben. Wäre nun das letztere, so wollte ich selbsten aus meiner Armuth demjenigen einen jeden Bogen davon mit einem Ducaten bezahlen der mir solches zum Gebrauch geben wollte. Dann ich zu unserm Friesen ein so grosses Vertrauen habe, dass ich mir sicher verheisse, es würde solches Buch nicht allein zu der wahren Beschaffenheit des Frankenlandes nach dem Ausgang der carolingischen Kaiser dienen: sondern auch dem deutschen Staats- Leben- und Bürgerrecht ein gar mächtiges Licht geben. Wesswegen ich dem Besitzer davon kein Gewissen rühre, diese nützliche Arbeit seinem Vaterland nicht vorzuenthalten. Die zahlreichen Schriften welche über das Herzogthum Franken und insbesondere über das kaiserliche Landgericht desselben [1]) erschienen sind, beispielsweise Johann Gottlieb Gonne's de ducatu Franciæ orientalis disquisitio ad fidem diplomatum atque scriptorum instituta vom Jahre 1756, des Johann Heinrich Drümel [2]) hiegegen gerichtete Demonstratio historico-diplomatica in qua partim novis partim selectioribus argumentis ostenditur ducatum et judicium provinciale Franconiæ a multis jam sæculis pertinere ad episcopatum wurzburgensem vom Jahre 1758, der Anhang zu des Heinrich Christian Freiherrn von Senckenberg Abhandlung der wichtigen Lehre von der kaiserlichen höchsten Gerichtsbarkeit in Deutschland vom Jahre 1760, des Burgildus Franco oder eigentlich letzten ebracher Abtes Eugen Montag Disquisitio de ducatu et judicio provinciali episcopatus wirceburgensis in ordine ad valorem argumenti præsumtæ ex situ superioritatis territorialis [3]) vom Jahre 1778, das dritte Stück in des trefflichen Josef Maria Schneidt Thesaurus juris franconici I S. 68—93 vom Jahre 1787, Schneidt's Oratio de ortu jurisdictionis episcopatus wirceburgensis nec non de significatu vocum parochi et bargildi ebendort I S. 4330—4390 vom Jahre 1790, wieder Schneidt's Betrachtungen über die Verfassung des Hofgerichts und kaiserlichen Landgerichts des Herzogthums zu Franken in dem fünfzehenten Jahrhunderte ebendort I S. 4193—4329 vom Jahre 1791, sie weisen keine eigentliche Benützung der Arbeit des Lorenz Fries auf,

---

1) Vgl. Schneidt's Thesaurus juris franconici I S. 266 und 287 in der Note unter II.
2) Er ist der Verfasser der hier in Betracht kommenden auch in Schneidt's Thesaurus juris franconici I S. 265—470 abgedruckten Demonstratio. Er war Professor und Rector des Gymnasiums in Regensburg, und ist auch durch andere Schriften genugsam bekannt.
Er zeigte die Erfüllung des ihm gewordenen Auftrages, die eben berührte Disquisition des erlanger Professors Gonne gründlich zu widerlegen, dem Fürstbischofe von Wirzburg in einer Zuschrift vom 29. April 1756 an, welche der Reichstagsgesandte Georg Josef Nicolaus Marckloff mit Begleitschreiben vom 3. Mai des genannten Jahres an den Fürstbischof einsendete, des Inhalts dass, nachdem ihm vor ungefähr zehn Wochen die Abhandlung Gonne's unter der Anzeige übermittelt worden dass eben dem Johann Heinrich Drümel, der sich zu der fraglichen Widerlegung erboten, die Arbeit gegen ein Honorar von 400 fl übertragen werde, nunmehr selbe in lateinischer und deutscher Sprache verfasst worden und mit dem erwähnten Schreiben Drümels in Vorlage komme.
3) Sie ist auch mit einem neuen Titelblatte vom Jahre 1784 vorhanden: De disquisitionibus in ducatum et judicium wirzeburg.

sie haben nicht unmittelbar aus ihr geschöpft. Es hat förmlich den Anschein, als ob sie rein für verloren gegolten, eine Ansicht welche sich auch noch in einer besonderen im Jahre 1853 bei Gelegenheit der Errichtung einer Gedächtnisstafel an dem vormaligen Wohnhause des gefeierten fränkischen Chronisten von Heffner und Dr. Reuss herausgegebenen Schrift[1]) vertreten findet.

Es ist eben dieser Arbeit des Lorenz Fries wie so verschiedenen anderen von ihm ergangen. Sie waren aus archivalischen Quellen — und zwar im grossen Ganzen weniger aus den Originalurkunden des Archives denn aus den zahlreichen Copial- und übrigen Geschäftsbüchern der Kanzlei — vorzugsweise wieder zu archivalischem und geschäftlichem Behufe angelegt, und fanden desshalb wohl fort und fort ihre Benützung im Archive und in der Kanzlei wie überhaupt für amtliche Zwecke, drangen aber im Gegensatze zu seinen grösseren geschichtlichen Werken des Bauernkrieges oder gar der wirzburgischen Chronik weniger in die Kreise der gelehrten Welt und des Volkes.

---

[1]) Lorenz Fries, der Geschichtschreiber Ostfrankens, S. 29 und 80 unter Ziff. 1.

Dem gegenüber machte Dr. Ruland in seinem Aufsatze über „das Epitaphium des Geschicht-Schreibers von dem Bischofthum Wirzburg" im Archive des historischen Vereins für Unterfranken und Aschaffenburg Band XIII S. 303 in der Note den Versuch, sie dennoch als gerettet zu betrachten, indem er äussert: sicherlich sei diese Arbeit keine andere gewesen als die im Schneidt'schen Thesaurus juris franconici Abtheilung I S. 84 bis 192 abgedruckte „Ungeuchrliche Anzaigung" welche in den Handschriften selbst den Titel „Alte Landtsgebreuch" u. s. w. führt. Apodictisch werde dieses aber im Zusammenhalte mit Schneidt a. a. O. S. 268, wo jene „Alte Landts Gebrench" selbst als das Fries'sche Werk bezeichnet werden.

Diese „ungeuehrliche Anzaigung" u. s. w. hat bereits Reichsfreiherr v. Senckenberg im Anhange zu seiner Abhandlung der wichtigen Lehre von der kaiserlichen höchsten Gerichtbarkeit in Deutschland S. 33 — 112 beziehungsweise 116 zum Abdrucke gebracht. Aber er konnte schon damals im Zusammenhalte mit der Stelle aus der Chronik des Lorenz Fries über das kaiserliche Landgericht:

von den Fellen aber in diser Freiheit — nämlich des Kaisers Friedrich I vom 10. Juli 1168 — bestimbt, als raube brandt aigen leute vnd blutsrach, wie die selbigen, auch das wort pargilden vnd andere dunkele worte zuuerstehen sein, vnd zuuorderst von dem hertzogthumb vnd Landgericht, auch allen iren Freihaiten grenitzen gewonhaiten gebreuchen vnd anderem hab ich ain sonder buch gemacht

das Bedenken über die Identität der fraglichen Schriften nicht unterdrücken, sondern bemerkt ganz bestimmt §. 1 S. 6 Note c: Dieses Buch muss was anderes seyn als derjenige was ich gegenwärtig an das Licht bringe.

Bei solchem Stande der Sache möchte sich wohl die Untersuchung welche wir hier anstellen rechtfertigen.

So bewahrt denn auch noch heutzutage das wirzburger Archiv einen von der Hand unseres Magister gefertigten Fascikel, welchen wir wohl wenigstens als den Entwurf der Abhandlung über das Herzogthum Franken und das kaiserliche Landgericht desselben zu betrachten haben. Er ist beispielsweise in dem vom Archivar Seidner im Jahre 1814 gefertigten Verzeichnisse einer Sammlung von Handschriften des wirzburger Archives unter Ziffer 5, welche er zur Stunde noch trägt, aufgeführt, und zwar ausdrücklich unter der Bezeichnung als Fragment. Seiner gedenkt auch die vorhin erwähnte Schrift von Heffner und Dr. Reuss vom Jahre 1853 S. 28 und 29 unter IV, woselbst daraus die Verdeutschung mitgetheilt wird welche Lorenz Fries für den bekannten Wahlspruch des Hochstiftes „Herbipolis sola judicat ense stola" dahin macht: Dem Bischof zu Wirtzburg allein ist das schwert vnd stol gemain. Der spätere Vorstand dieses Archives sodann, Professor Dr. Contzen, bemerkt in dem von ihm erstatteten Jahresberichte des historischen Vereines von Unterfranken und Aschaffenburg für $18^{56}/_{57}$ und $18^{57}/_{58}$ bei Gelegenheit der von ihm beabsichtigten Herausgabe der „Geschichtsquellen des Bisthums Wirzburg" S. 17 unter c zunächst noch dass dieses Werk unseres Lorenz Fries allgemein für verloren gelte, und schliesst nach Anführung der vorhin mitgetheilten Stelle Ludewigs mit dem Satze: Ich habe die Schrift, von Fries eigener Handschrift, wieder aufgefunden.

Unsere Studien hierüber führen zu folgenden Ergebnissen.

Das eben erwähnte Fragment, aus 66 Seiten in Folio[1]) bestehend, von Lorenz Fries geschrieben, scheint uns dessen Entwurf zu der

---

1) Das erste wahrscheinlich von Anfang an zur Decke oder zum Titel bestimmte Blatt der ersten Lage ist hiebei nicht mitgezählt.
Somit reicht der erste Quintern bis S. 18, der zweite von S. 19—38, während die dritte Lage aus einem Sexterne von S. 39—62 besteht. All dieses und weiter das Blatt mit S. 63 und 64 ist von Lorenz Fries paginirt, während die Bezeichnung der ersten Seite des folgenden noch mit Notizen von ihm beschriebenen Bogens, nämlich 65, nicht mehr von ihm ist.
Es möchte hiebei wohl die Frage auftauchen, ob nicht etwa zwischen Seite 64 und 65 seinerzeit noch so manches eingeschoben gewesen was nunmehr zu Verlust gegangen.
Wenn auch, wie bemerkt, S 65 und 66 zwar noch die Schrift des Lorenz Fries aufweisen, so trägt doch ihr Inhalt weit mehr nur den Charakter einer flüchtig hingeworfenen Skizze als das übrige.

Abhandlung über das Herzogthum Franken und das kaiserliche Landgericht desselben zu sein, welcher seinerzeit umgearbeitet und umgeschrieben wurde, welche Umarbeitung aber und Reinschrift uns bis zur Stunde nicht unter die Hand gekommen.

Wenn wir in dem archivalischen Produkte um welches es sich handelt lediglich einen Entwurf zu der bemerkten Arbeit des Lorenz Fries erkennen zu dürfen glauben, stützt sich diese Annahme zunächst auf die Beschaffenheit des Stückes selbst, wie auf verschiedene Bemerkungen in demselben welche wir nicht anders zu deuten vermögen. Was das erstere betrifft, macht das Werk durchaus den Eindruck einer in einzelnen Gruppen schon so zu sagen vollständig durchdachten und fast fertig hingeworfenen Darstellung, während bei anderen die Verweisung auf Umstellungen wie Abänderungen wie Erweiterungen welche da und dort vorzunehmen seien[1]) den Charakter eines Entwurfes wohl zur Genüge kennzeichnet. Ergibt sich doch beispielsweise das zum Theil unfertige Wesen gewiss schlagend daraus dass er einmal aus einem anderen seiner Werke mir nichts dir nichts ein Stück eines Blattes ausgeschnitten und zur seinerzeitigen Benützung[2]) eingelegt hat. Was das andere anlangt,

---

1) Es findet sich beispielsweise auf S. 9 zunächst die Bemerkung dass an der betreffenden Stelle etwas aus (Fol. 15 oder wie es eigentlich heissen soll) S. 15 einzuschalten, und weiter eine andere Hindeutung dass etwas auf S. 9 befindliches erst später auf (Fol. 27 oder wie es eigentlich heissen soll) S. 27 zu übertragen sei, welche beide Beziehungen vollkommen richtig zutreffen.

Auf S. 1 und 2 sind die ersten Abschnitte „von vrsprung vnd herkomen der Francken" vnd „wie die Francken der Gallen land eingenomen, das nach jnen Franckreich genant, vnd zum christlichen glauben komen sein" durchstrichen, und er hat an die Spitze hinbemerkt: zu corrigiren nach der histori meiner bischoffen.

Auf S. 20 begegnet uns eine Bemerkung woraus hervorgeht dass die Einfügung einer Karte des Herzogthums Franken und seines kaiserlichen Landgerichtes beabsichtigt gewesen: da ain mappen zu machen aus disen gaien vnd den districten der ertspriestern.

2) Am Schlusse der S. 2 nämlich des ersten nicht gezählten Blattes steht neben einer an den Rand gezeichneten grossen Verweisungshand: Nota aus dem quatern H pagina 2 et 34. Es ist hiemit nichts anderes gemeint als der seinerzeit zur Besprechung kommende Entwurf der sogenannten hohen Registratur, in welchem wirklich das erste Folium des Buchstabens H, also Pagina 1 und 2, ganz und gar fehlt, während aus dem Blatte der Seiten 33 und 34 ein durchlaufender Querstreifen ausgeschnitten ist, welcher noch zur Zeit lose in unserem Manuscripte 6 liegt, und vollkommen nicht allein dem Inhalte nach sondern ganz und gar in den Schnitt und die oben und unten hiedurch getheilten Buchstaben des Blattes der Seiten 33 und 34 von H im Entwurfe der hohen Registratur hineinpasst. Es

begegnet uns auf der einen Seite die ganz bestimmte Aeusserung dass
für die zweite oder weitere Bearbeitung [1]) noch die Laden der das
kaiserliche Landgericht betreffenden Archivalien genau durchzusehen
seien, wie anderntheils nicht mit Stillschweigen übergangen werden
darf dass sich hier und dort Verweisungen auf etwas [2]) finden wovon
in unserem Fragmente selbst nichts mehr vorkommt.

Auch dürfen wir für diese unsere Ansicht wohl noch anführen,
dass uns zwei Stellen zu Gebote stehen welche selbe wesentlich unterstützen möchten. Lorenz Fries sagt nämlich bei Gelegenheit der Erwähnung des kaiserlichen Landgerichtes in seiner Arbeit über die weltlichen und geistlichen Gerichte des Hochstiftes und der Stadt Wirzburg (beziehungweise des Herzogthums Franken) in dem Artikel „Gericht"
in der sogenannten hohen Registratur: Nachdem ich von dem hertzogthumb zu Francken vnd ietzberurtem seinem landgericht, auch derselben grenitzen, freihaiten, gewonhaiten vnd gebreuchen ain sunder buch zu machen vorhab, darin man sich was ferner dauon zu wissen von nöten wol erkunden mag, lasz ich es an disem orte dabei beruhen. Möchte man aus dem Umstande dass er vorher geschrieben hatte: ain sunder buch gemacht, was er sodann in die Worte „ain sunder buch zu machen

---

sind darauf Bemerkungen über das „Herzogthum zu Francken" enthalten, dessen Wappen an den Rand gezeichnet ist. So beispielsweise: Hertzogthumbs zu Francken wapen da panir. contr. Brun. Fol. 174. In dinero. form. eiusdem Fol. 269. was das dem stifft geben, vnd wie solchs angezaigt wurt, im alten bambergischen geprochen hach Fol. 188. 148 d. 248 f. 252 f.

1) Nota — heisst es sogleich auf der ersten Seite des ersten wohl zur Decke oder zum Titel bestimmten nicht paginirten Blattes unten — in 2da editione die Landgerichtsladen claine vnd grosse zuuor vleissig zubesichtigen.
Darunter steht noch weiter: Kampfrecht mit einzubringen.
2) So lesen wir beispielsweise S. 39 bezüglich des Kampfrechtes, dass „dauon hernach in sonderhait gesagt" werde. Das ist allerdings S. 42 der Fall, aber gerade da heisst es wieder: wie dann von demselben kampfrechte, welchs man sunst das Franckenrecht, nennet hernach ferner meldung beschicht. Es ist auch später, nämlich S. 50, hievon die Rede aber wieder mit der Verweisung: dauon hernach weiter.
Noch S. 60 vernehmen wir bezüglich der besonderen Gebräuche und althergebrachten Gewohnheiten des kaiserlichen Landgerichts: von denselbigen gebräuchen vnd gewonhaiten, auch den satzungen ordnungen vnd reformationen des berurten landgerichts zu Francken ist hernach ain sonder auszug gemacht. Er ist aber daselbst nicht mehr vorhanden.
Vielleicht dürfen wir hier an das erinnern was vorhin S. 180 im vorletzten Absatze der Note 1 angedeutet worden, ob nicht etwa zwischen S. 64 und 65 so manches ausgefallen.

vorhab" verwandelte, wohl nicht mit Unrecht darauf schliessen können, dass er gewissermassen dessen zweite Ausgabe in der Arbeit oder jedenfalls entschieden im Sinne gehabt, so ist uns eine Bemerkung hiezu von späterer Hand von Wichtigkeit, welche besagt: Ligt jn der Registratur truhen vneingebunden. Das passt vollkommen zu unserem Fragmente, welches heutzutage noch uneingebunden ist, und auch nicht die mindesten Spuren irgend eines ehemaligen Einbandes aufweist. Bei einer anderen Gelegenheit, nämlich wo er am angeführten Orte das Kampfrecht zu behandeln hat, äussert er: Von dem kampfrechten vnd seiner ordnung, auch wa vnd wie das gehalten worden ist, will ich nach der lenge antzaigung thun jn dem buch vber das hertzogthumb zu Francken vnd desselben landgericht gemacht. Auch hier stand anstatt der Worte „will ich nach der lenge antzaigung thun" ursprünglich: hab ich nach der lenge antzaigung gethan. Für uns aber ist entgegen dem vorhin mitgetheilten Zusatze späterer Hand von Bedeutung wieder ein Eintrag späterer Hand, welcher meldet: Jst auch ein klain buechlein jn gel pergamentt. ligt bei den Büchern — hier ist das ursprüngliche „Gerichtes ordnung vnnd Rechten" durchstrichen — Kampfrecht genannt. Das ist demnach ein anderes Exemplar. Warum nicht wohl die zweite Ausgabe wovon die Rede gewesen?

Insoferne uns nur der mehr berührte Entwurf zur Verfügung steht, können wir auch nur von ihm handeln.

Was das Aufkommen des kaiserlichen Landgerichts des Herzogthums Franken anlangt, stellt uns Lorenz Fries in einer gewissen Uebereinstimmung mit dem Eingange zu seiner Zusammenstellung der fränkischen Landesgebräuche [1]) die Sache in der Weise dar, dass bei dem Tode des Herzogs Hettauf zu Wirzburg, der nur eine Tochter Umbine hinterliess, das Herzogthum dem Könige Pipin anheimfiel, der es dem heiligen Burkhart und dessen Stift zu Eigen gab, wie auch sein Sohn Kaiser Karl der Grosse bestätigte, welche Urkunde allerdings zu Grunde gegangen, während indessen ein Privileg des Kaisers Ludwig I und Gütigen

---

[1]) Vgl. v. Senckenberg im Anhange zu seiner Abhandlung der wichtigen Lehre von der kaiserlichen höchsten Gerichtbarkeit in Deutschland S. 41. Schneidt's Thesaurus juris franconici 1 S. 105.

den Beweis liefert, das solch kaiser Carls brief zu seiner zeit noch vorhanden gewest sind, durch ine besichtigt vnd bestettigt worden.

Hieran knüpft sich bezüglich des eigentlichen Ursprunges unter der Ueberschrift „Wie der stifft Wirtzburg, desselben leute vnd gutere vor frembden gericht vnd gwaltsam erstlich gefreit worden" die Darstellung von S. 6—8 wie folgt.

Bei zeiten bischone Wolfgern des sechsten zu Wirtzburg jm jare des herrn 823 am 19 tag decembris hat kaiser Ludwig der erst vnnd guttig den schutz vnd schirme darein seine anher vnd vater konig Pipin vnd kaiser Carl den stifft Wirtzburg sampt iren leuten vnd gutern — wie dann solchs hie oben angezaigt worden — genomen hette widerumb vernewet, vnd dem gemelten stifft vnd seinen prelaten dise ferner begnadung vnd freyhait geben, nemlich:

das furter kain gemainer richter oder iemant anders sich mit anmasung ainigen richterlichenn gewalts in kirchen, stette, veldung oder andere besesz des stiffts Wirtzburg welche er itzund allenthalben in den gegenden oder landschaften vnter dem gebiete des reichs recht vnd redlichen besitzt oder hinfur durch gotes gutige merung erkobern wurde einlassen solle: I sachen zuhören, II frieden zuuorderen, III läger oder atzung zuthun, IIII burgen oder geysele hinweg zunemen, V oder des genanten stiffts aigenleute oder juwonere, jn latein accolas genant, in ainigerlay weg antzuziehen, VI oder sunst andere vnbillige anspruch zusuchen, VII oder solchs wie ohgemelt ist mit ichten zuerunordern,

sonder solle dem bischof zu Wirtzburg vnnd seinen nachkomen geburen, alle des gemelten stiffts zugehorung vnter freyungs schutz in ruiger ordnung zubesitzen vnd dem reich gehorsam zusein etc. priuileg. 202'.

Dis priuilegium¹) gibt lauter zuuerstehn das auch noch bei leben konig Pipins vnd seines sones kaiser Carls etliche leute gewesen sein den nit zum besten gefallen hat das dem newen bistum zu Wirtzburg vnd seinen vorstebern das hertzogthumb zu Francken vnd also die landsfurstlich obrickait herlickait gerichtlarkait vnd gerechtickait vbergeben vnd in ewickait verwidembt was. dann wiewol s. Burghart ain fromer geschickter vnd vernunfftiger man was, so ware im doch nit wol mit zeitlichem prachte. desgleichen bekomerten sich seine brudere auch nit vil damit, darumb sich etliche vnterstunden si an berurten iren obrickaiten gerichtlarkaiten vnd anderen gerechtickaiten in mancherlay weis zubetruben vnd abbruch zuthun. das wolten aber die gemelten kaisere vnd konige nit leiden, dann ir gemut was, disen stiffte, den si zu bischoflichen furstlichen ehren vnd wirden erhoben, vnd mit dem gedachten hertzogthumb begnadet hetten, nit allain in demselbigen seinem wesen zubehalten sonder auch znauffen, deshalben dann si alle trey — nemlich konig Pipin, kaiser Carl, vnd kaiser Ludwig, vater sone vnd diechter — bewegt worden, den stiffte Wirtzburg mit allen leuten vnd zugehorungen itzigen vnd kunfftigen in iren sondern verspruch schutz vnd schirme zunemen, vnd zuerbieten das niman were der were dieselben mit frembden gerichtenn oder sunst in andere wege zubeschweren vnterstehn, sonder si bey dem iren geruiglich bleiben lassen solten.

---

1) Abgedruckt in den Monum. boic. XXXVII S. 4 und 5.

Vnnd ist dis die erst freyhait — vnter den die noch vorhanden sein — daruf das loblich landgericht des hertzogthumbs zu Francken gegrunt ist, welche kunfftiger zeit von kaisern vnd konigen zu kaisern vnd konigen vernewet, vil leuterer gestelt, vnd bis vff disen kaiser Carln den funfften nach aller notturfft becrefftigt vnd bestettigt ist.

Von den weiteren besonders zu berührenden Privilegien, worauf „das loblich landgericht des hertzogthumbs zu Francken gegrunt ist" und durch welche es „sein wirckung vnd bestand hat" bezeichnet er als das zweite auf S. 15 das des Königs Arnulf vom 21. November 889; auf S. 21—23 als das dritte das des Königs Konrad I vom 4. Juli 918, als das vierte das des Königs Heinrich 1 vom 8. Juli 923, als das fünfte das des Königs Otto III vom 31. Dezember 993, als das sechste das des Kaisers Otto III vom 15. September 996; auf S. 25—27 als das siebente das von König Heinrich II vom 10. September 1012 beziehungsweise eines das im Jahre (1017) 1018 ohne näheres Datum zu Aachen gegeben ist; auf S. 28 als das achte das von König Konrad II vom 20. Mai 1025; auf S. 32 und 33 als das neunte das von Kaiser Heinrich V vom Tage Philippi und Jakobi des Jahres 1120; auf S. 33—36 als das zehnte das des Kaisers Friedrich I vom 10. Juli 1168: die Privilegien bezüglich welcher wir der Kürze wegen hier auf die in den Monumenta boica von Band 28 Abth. 1 beziehungsweise Band 1 Abth. 1 der neuen Folge an wie auch sonst befindlichen Abdrücke verweisen können.

Um das zuletzt angeführte gruppirt sich nun gewissermassen als um den eigentlichen Kern die umfassendere Darstellung desselben von S. 33—44 welche wir jetzt folgen lassen.

Von dem guldin priuilegi kaiser Fridrichen des ersten vber das landgericht des hertzogthumbs zu Francken.

Als die hertzogen von Sachsen in mergklichem widerwillen vnnd greinschafft gegen einander stunden, legt kaiser Fridrich der erst ain gemainen hof oder reichstag gein Wirtzburg, darauf er si aller jrer irrung vnd vnainikait entlich vertrug.

Er gab auch vf demselbigen tag bischof Erbolden zu Wirtzburg ain priuilegi oder freyhait mit ainem anhangenden sigill von gutem lauterem golde[1]) des ongenerlichen inhalts, wie er von gedachtem bischof Erbolden, seiner gaistlikait freien vnd diueneren ersucht vnd gebetten worden, das er allen gerichtzzwang den seine vorfaren der stifft vnd hertzogthumb zu Wirtzburg von kaiser Carln dem grossen vnd allen seinen nachkomen

---

1) Abgedruckt in den Monum. boic. XXIX S. 890—894. Ebendort S. 885—889 findet sich auch der Abdruck eines anderen Originales mit nur aufgedrücktem Wachssigel.

bis dahin in rechtmessiger vnd geruiger gewere on minderung ingehabt vnd besessen haben[1]) jme dem bischof seinem stifft vnnd hertzogthumb aus kaiserlicher macht gnediglich bestettigen wolte. dieweil er dann die sachen im grunt dermasen gestalt befande wie jme angezaigt, gab verlihe vnd bestettigt er daruf[2]) gemeltem bischof Erholden vnd seinen nachkomen

allen gerichtzzwang oder volligen gewalt zu verhelfung des rechten durch das gantz bistumb Wirtzburg vnd hertzogthumb dartzu gehorig, dergleichen auch durch alle graueschafften in dem itzgenanten bistumb oder hertzogthumb gelegen

in sachen oder fellen antreffend {
raub,
brant,
aigen,
lehen,
leut,
peinlickait, blutsrach.
}

Vnd ordent genanter kaiser Fridrich darbey gesetz weis, welchs zu ewigen zeiten weren vnd krefftig sein solle, nemlich

1) das kain person gaistlich oder weltlich wider die satzung der alten fursten,
2) wider die langwirig vnd rechtmessig gewere des stiffts Wirtzburg,
3) wider dise sein bestendige ordnung oder satzung
4) durch das gantz bistumb zu Wirtzburg vnd desselben hertzogtumb, auch die graueschafften darin gelegen,
5) in obgerurten sachen oder fellen
6) ainigen gerichtbarlichen gewalt oder macht vben solle,
7) dann allain ain bischof vnd hertzog obgenant,
8) oder der dem es von ime beuolhen wurt,
9) die widemleut bargilden oder pfargulten genant in den graueschafften wonend ausgenomen, die vor iren grauen[3]) zu ordenlichem rechten stehn sollen.
vnd ist hiebey zumerken, das die bargilden on mittel vnter dem bischoue wonend nit ausgenomen sein, sonder allain die die hinter den grauen sitzen. aber sunst alle andere der grauen leute vnnd vnterseesen gehören on das landgericht.
10) es hat auch der obgemelt kaiser Fridrich in berurtem priuilegi verbotten, das in dem vorgedachten bistum vnd hertzogtumb oder darin gelegen graueschafften

---

1) Hier hat Fries an den Rand bemerkt, dass der Kaiser rem non nouam aggreditur, sed dat concedit et confirmat das die bischof vor altorhere gehabt.
2) Am Rande findet sich hier die — wohl für die seinerzeitige Reinschrift bestimmte Bemerkung: Forte bonum vt priuilegium hoc transsumptioe sumatur.
3) Hiezu hat Fries an den Rand bemerkt: Graue ibidem aduocatus ab jmperatore vel — quod magis credu — episcopo constitutus, wie wohl anstatt „constituto" zu lesen sein wird.

niemant zent vfrichten oder zentgrauen setzen solle dan mit bewilligung vond zulasung der bischofe vnd hertzogen zu Wirtzburg.

11) welcher aber dise seine kaiserliche begnadung vnnd freyhait verbreche, das derselb tausend pfund gut lodigs golds halb der kaiserlichen cameru vnd den andern halbtail dem bischof vnd seinem stifft verfallen sein solle.

Jst beschehen am x tag julij anno 1168. priuileg. fol. 232.

Vnnd ist dits priuilegi das zehend, vnd vnter auderen dauon bis hero meldung bescheben das richtigist lauterst, vnd wie oblaut mit ainem anhangenden gantz guldin sigil beslgelt, darumb es auch die guldin freyhait genenet wurt.

Von den fellen vnd sachen an das landgericht gehorig.

Ob wol auch in dem itzgemelten guldin priuilegj nit mer daun sechs austrockliche felle oder sachen bestimbt werden die an das gerurt hochgefreit landgericht des hertzogtumbs zu Francken gehoren, so begreiffen vnd bringen doch dieselbigen vil andere mer felle vnd sachen mit jnen die an gedachtem landgericht vor alterhere gerechtuertigt worden sein, vnnd noch.

Vnd desselben zu ainem lauteren gruntlichen vnd claren bericht hab ich die lateinischen worte aus dem priuilegi hertzu gesetzt, vnd was ain iedes nach altem herkomen gebrauch vnd vbung des gedachten landgerichts bedeut bezaichen vnd begreiffe durch sein geburend teutsch ausgelegt wie hernach vnterschiedlich meldung dauon beschicht.

1) Praedae. raub, rauberey, plackerey, landfridbruch, vergwaltigung.[1]
2) Incendia. brant, mortbrant.
3) Vindicta sanguinis, scilicet effusi vel effundendj ob maleficium.[2] blutsrach, blutszwang, ban vber das blut. also wurt es in ainem priuilegi kaiser Fridrichen des tritten[3] verteutscht. priuileg. fol 63 et 63'.

Die ersten zwai worte haben jr sonder teutsch. aber in dem tritten als in ainem gemainen worte sind alle malefitz hendele vnd peinliche sachen die hand vnd hals — das ist leib vnd leben — anlaugen begriffes, als zwang, mort, diebstal, notzucht, falsch, verwundung etc.

Jch halt jstam vindictam pro vnico et vero regali. potestas: id est rex habet gladium animaduersionem in maleficos. hanc conmittit principibus, principes centurionibus. sint ergo centuriones probi justi aequi etc.[4]

---

1) Die beiden Worte „landfridbruch, vergwaltigung" hat Friss erst später beigesetzt.
2) Die Stelle „scilicet effusi vel effundendj ob maleficium" hat er gleichfalls erst später eingeschoben.
3) Ueber die Belehnung des Fürstbischofes Johann mit den Regalien des Hochstiftes v. u. Montags nach dem Sonntage Reminiscere des Jahres 1457.
4) Diesen ganzen Absatz hat er auch erst später noch beigeschrieben.

4) Allodia. erb oder aigen, das ist hebliche spruch vber erb vnd aigen, stain vnd rain, grunt vnd bodem. aus den komen

{ erbschafft, erbtail, tailung; testament, codicill, letztewillen, geschefft. legaten; vbergab, vermechtnus; vormundschafft, pfleg; ehebetaidnng, verheiratung, ainkintschafft. voraus; verzig, heiratgut; ledigung ans vaterlichem gewalt;[1] bestetigung aller obberurter vnd anderer sachen vnd verträge.

5) Beneficia. lehenssachen.
6) Homines. leibaigenschafft[2], volg, raia, dienst; personlich spruch, als schuld, schmaasachen, kampf, et cetera; bitzig purgation oder benennung vfgelegten vnbillichen leymmats.[3]

Darnach sein auch volgende sachen daran gezogen vnd verrecht worden: wan ain her oder edelman kaem lehengericht zubesetzen.

Grenitzen des landgerichts.

Vnd ist hie sonderlich zumerken das kaiser Fridrich in disem priuilegi die grenitzen des landgerichts in sonderhait nit austrucken oder speciuociren wollen wie hie oben kaiser Arnhulf gethan hat, sonder hat dieselbigen mit dem bistumb gemessen vnd beschlossen, dauon aber nachuolgender zeit durch vnfleisz und hinlessickait der bischofe vnd andern zugestanden vnrathe dem stifft Wirtzburg vill entzogen worden.

Dieweil aber in gemeltem priuilegi vnter anderm auch begriffen ist das ain bischof zu Wirtzburg als der hertzog zu Francken solch landgericht selbst oder durch ainen anderen dem er es beuelhen wurt besitzen vnd vben mög, vnnd aber der sachen vnd felle so daran zurechtuertigen gehören gar mancherlay, vnd dartzu an irer art vnd natur ain ander vngleich sein, haben die alten bischofe zu Wirtzburg vnd hertzogen zu Francken dieselben vnterschaiden, vnd die lehen sachen an ain sonder ort, nemlich für die lehenmanne, bey den ain bischof selbst oder dem er es beuolhen als lehenrichter gesessen, vnd in fellen die lehen betreffend vnd was dem anhengig ist recht gesprochen, vnd noch.

Was raub, brant, andere blutsrach oder peinliche handlung berurt hat, das ist durch ain schultaissen zu Wirtzburg der an stat des hertzogen zu Francken als ain richter da ist vnnd die dartzu geordente vrtailer oder schopfen, dauon halt hernach ferner meldung beschicht, an ainem sonderen orte gerechtuertigt, vnd dasselbig gericht das landrecht im hertzogtumb zu Francken genenet worden, wie es dann noch haist.

---

1) Diese Zeile ist gleichfalls später eingeschoben, und hat Fries hiezu an den Rand bemerkt: 1 contractuum Rudolfi Fol. 375'. 376.

Beide Folien beziehen sich auf die dortselbst befindlichen Urkunden über die Emancipationen des Wilhelm von Bibra vom Sonntage Dionys des Jahres 1468 und des Philipp von Bibra vom Dienstage vigilia Johanns des Täufers des Jahres 1472.

2) Nach diesem Worte stand ursprünglich noch: atzung.

3) Nach diesem Absatze steht die wohl für die Umarbeitung berechnete Zeile: Die andern freihaiten vber das blat.

Die häblichen spruchen vber erbschafft, stain, rain, grund, bodem, vnd andere sachen denselbigen anhängig vnd daraus fliessend, wie si dann hieoben angezaigt, sein vor dem bischof selbst oder dem er es in sonderhait beuolhen als richter vnd den dartzu geordenten vrtailern mit recht ausgetragen vnd geortert, auch dasselblg gericht das landgericht des hertzogthumbs zu Francken gehaissen worden.

Aber die personlichen spruche, als schuld, schmahesachen, vnd andere dergleichen, sein des clagers gefallen nach an welchem der beder obberurten orte ainem ime solchs zu suchen gelegen frey gelassen.

Doch so sich zwischen den grauen heren dem adel vnd andern im bertzogthumb gesessen schmahe sachen — als von wegen ketzerei, verreterei, mainaids, feldflucht, mords, falscherei, feldgefencknus, verbrochener trew, kirchenbruch, oder nottzucht — zugetragen, sind die durch das kampfrecht, dauon hernach in sonderhait gesagt wurt, gerechtnertigt worden.[1]

Vnnd sind dardurch die obgedachten gegebene freyhaiten oder darin verleibte[2] obrickait vnd gerichtszwang nit zertrent noch zergentzt, sonder allain die daraus entspringende gerichte in ordnung bracht, damit ainem ieden vmb sein spruch vnd vorderung nach gestalt vnd galegenhait ainer ieden sachen geburliche gerichtshilf deste ordenlicher vnd schlenniger bogegen vnd mitgetailt werden möge.

Kaiser Fridrichen des 1 freihait super vindicta sanguinis gegen der stat Sweinfurt angezogen[3]) capitulari[4]) fol. 259'.

Von dem landrechten vnd warumb es bruckengericht, oberst zent, vnd statgericht geuent wurt.

Nachdem auch die bischoue zu Wirtzburg als hertzogen zu Francken, wie ob vnd hernach geschriben stet, dermassen begnadt vnd gefreiet worden, das iu dem bistumb Wirtzburg vnd dem gemelten hertzogtumb on ir wissen vnd bewilligung kain zent gemacht vnd vfgericht, auch kain zentgraue gesetzt werden solle, ist durch die itzgemelten bischofe zu Wirtzburg daruff verordent vnd gesetzt, das das gericht — wie oblaut das landrecht genant — die oberst zent in dem stiffte Wirtzburg sein, vnd von den vrtailn vor den andern zenten des stiffts vnd hertzogthumbs an kain ander orte dan fur das gemelt landrecht appellirt werden solle, das ist auch voralterhere also gebraucht vnd gehalten worden, vnd noch.

Der schopfen oder vrtailer an berurtem gericht sind neun persone, die von ainem

---

1) Dieser Absatz ist von Fries nachträglich eingeschoben worden.
2) Ursprünglich stand noch hiebei: gelibene gegebene.
3) Dieser Absatz ist von Fries erst später eingesetzt worden.
4) Ueber ihn lesen wir in Schätzlers alphabetischer Verzeichnung der Archivalbände der fürstbischöflich wirzburgischen Kanzlei:
Ein gemeiner geschmeidigs vnd mit weissem leder gantz vberzogen buch ligt da, In welche vil vertrege vnd andere schriften die in des capittels verwarung erhalten abcopirt worden, die hieuor nie registrirt gewesen: derwegen den solch buch von dem gemelten domcapittel „capitularis" genennet vnd vberschriben worden ist.

bischof zu Wirtzburg als hertzogen zu Francken aus seinen burgern zu Wirtzburg erkoren vnd genomen werden, welcho neben ainem schultaisen zu gericht sitzen, vnd in allen burgerlichen sachen für si gebörend vrtail sprechen.

Aber in peinlichen sachen sitzen noch funff schöpfen bey den neunen itzgedacht: deren sein zwen von Cell aus der Gassen, zwen von Butelbrun, vnd ainer von Höchberg, darumb das dieselben flecken auch an die zent gein Wirtzburg gerichtbar sein.

Vnnd so in peinlichen sachen dauon itzgemelt oder in executionen vnd verurtailung zu der acht vmb vngehorsame oder sunst iemant geurtailt werden solle, werden solche gerichte alwegen in ainer sondern dartzu gemachten vnd gerichten behausung jhenseit Mains an der brucken vber den Main, aber sünst in allen andern sachen inwendig der stat Wirtzburg vf dem altenn bischoflichen sale gehalten.

Dauon herkomen, das solch gericht vier vnterschiedlich namen hat, vnd doch der gerichts personen vnd sunst aller ding halben nit mer dan ain ding ist, allain das in peinlichen sachen noch funff schöpfen aus den obberurten enden den neun andern vrtailern zugesetzt werden, wie oblaut.

Vnnd sind das die namen damit es genent wurt mit seinen vrsachen:
1) Landrecht, aus crafft der kaiserlichen vnd koniglichen freihaiten daruber gegeben, wie oblaut.
2) Oberste zent, darumb das von allen andern zenten des stiffts daher appellirt, auch wa richter vnd schöpfen an den auswendigen zenten dem stifft Wirtzburg irer obrickait ichts zu abbruch vnd nachtail furgenomen, das solchs daselbst gerechtuertigt worden.

In den hennebergischen gebrechen auch, als die schöpfen an der zent daselbst Henneberg zustendig vfgefordert, vnd darumb am bruckengericht mit recht furgenomen etc.
3) Bruckengericht, von wegen der peinlickait vnd achte die heraus an der brucken des Mains in ainer dartzu geordenten behausung, wie obstet, gehandelt werden.
4) Stat- oder salgericht,[1]) das alle andere burgerliche hebliche vnd persönlich spruche, auch schmasachen[2]) vf dem sale in der stat vor den 9 personen dises gerichts[3]) gerechtuertigt vnd ausgericht werden.

Vnnd sind vor alter sonderliche ordnunge vnd reformation gemacht, jn was sachen, auch wie vnd welcher gestalt an dem gemelten landrechten procedirt vnd gehandelt werden solle, wie dan dieselben hernach in sonderhait verzaichet stehn.

Von den richtern vnd vrtailern am landgericht des hertzogthumbs zu Franckenn.

Damit kome ich wider an das ander gericht des hertzogthumbs zu Francken, das landgericht genant.

Daran sitzt ain domher des capitels zu Wirtzburg an des bischofs stat als ain

---

1) Anfänglich hatte Fries nur „statgericht" geschrieben.
2) Ursprünglich stand nur: burgerliche sachen.
3) Anfangs hiess es blos: vor disem gericht.

richter, vnd neben jme von alterhere siban frome verstendige redliche vnd erfarne rittere ans dem adel des hertzogthumbs zu Francken zum schilt vnd wapen erboren, die meniglich vf sein ansuchen gegen leuten vnd guteren in dem gedachten hertzogtumb wonend vnd gelegen in den obbestimbten sachen an dasselbig landgericht gehorig nach altem herkomen vnd gebrauch des itzgemelten gerichts ieder zeit recht gesprochen vnd geurtailt haben. vnd ist derselb domher landrichter des hertzogthumbs zu Francken gehaissen worden, vnd noch.

Wa sich aber zwischen den grauen herren vnd der ritterschafft irrung zugetragen die ehr vnd gerucht belangend, deshalben der beruchtigt vmb kampfrecht angesucht, hat ain bischof zu Wirtzburg als der hertzog zu Francken aigner persone zu gericht gesessen, wie dann von demselben kampfrechte, welches man sunst das Franckenrecht nennet, hernach ferner meldung beschicht.

Es hat sich auch offtmals begeben, das man nach gestalt der leufft vnd zeit an der abgangen vrtailer stat wie vor alter herkomen nit alwegen geschickte tugliche ritter finden noch gehaben mogen die sich dartzu hetten gebrauchen lasen, dardurch die vorstehende parteyen etwan vfgehalten vnd verseumbt worden. dem statlich zubegegen hat konig Sigmund im jare des herren MCCCCXXII am donerstag nach s. Gilgen tag bischofe Johansen von Bron vnd seinen nachkomen guediglich vergont vnd zugelasen, das si berurt landgericht des hertzogthumb zu Francken wa si nit rittere gehaben konnen furbas mit edlen knechten die zum schilte und den wapen geboren, auch redlich vnd vernunfftig leut sein, besetzen sollen vnd mögen, doch sunst dem stifft vnd gemeltem landgericht des hertzogthumbs zu Francken an iren freyhaiten vnschedlich vnd vnuerletzlich. ist geschehen zu Nurenberg, jm jare wie obstet. priuilegiorum fol. 165.

Bestettigung der obgemelten landgerichts freyhait.

Solche kaiser Fridrichen des ersten guldine freyhait dem stifft Wirtzburg vber das vilgenant landgericht des hertzogtumbs zu Francken geben ist furter vast von allen vnd ieden kaiseren vnd konigen in ainer gemain, aber sonderlichen vernewt vnd bestettigt worden

durch
- bapst Calixtum anno MCCCCLV am xv tag nonembris. in 2do contractuum Rudolfi fol. 312'—314;
- bapst Julium den anderen anno MDXII am triten tag octobris. priuileg. fol. 4'—6;
- bapst Leo den X anno MDXIII am 13 des septembers. omissorum fol. 316—319';
- kaiser Fridrichen den tritten anno MCCCCLXVIII am sambstag nach mituasten. priuileg. fol. 25—26';
- kaiser Maximilian, datzumal noch konig, anno etc. MCCCCXCVIII an dem 18 tag des maien zu Vlm. priuileg. fol. 25—30';
- kaiser Carlen den funfften anno MDXXII am ersten tag aprilis zu Prussel in Brabant. priuileg. fol.[1]) 373'—375'. eodem fol. 384' vnd 385 anno MDXXXI am xvj tag augusti.

---

1) In der Handschrift steht: fol. 874 iuucto fol. 375.

Vnnd nachdem vor alter herkomen das man den bischouen zu Wirtzburg als hertzogen zu Francken zu seinen zeiten ain schwert, dergleichen auch ain vendlin furtregt vnd haltet, daran des hertzogthumbs zu Francken wapen stet, dauon ich bald hernach ferner meldung thun wurt, jst woll zuglauben, das bischof Erhold solchs zu diser zeit als ime kaiser Fridrich ob berurt guldin priuilegi geben angefangen habe.

Was die noch weiter auf dieses zehnte folgenden hauptsächlichen Privilegien des kaiserlichen Landgerichts des Herzogthums Franken betrifft, bezeichnet Lorenz Fries auf S. 62 und 63 als das eilfte und in deutscher Sprache erste das von König Karl IV vom Samstage vor Elisabet des Jahres 1347, dessen Bestätigungen er auf S. 64 aufzählt; auf S. 64 als das zwölfte das des Kaisers Friedrich III vom Montage nach Reminiscere des Jahres 1457. Auf S. 65 endlich wird mit jenem des Kaisers Maximilian vom 23. April 1510 und dessen Bestätigungen von Kaiser Karl V vom 1. April 1522 und 16. August 1531 noch von unserem Magister fortgefahren, die Seitenzählung selbst aber ist von anderer Hand.

Soviel denn über das kaiserliche Landgericht des Herzogthums Franken.

Ueber die Frage sodann, wann, durch wen, und welchergestalt das Herzogthum zu Franken selbst an das Hochstift Wirzburg gekommen, theilt Lorenz Fries drei Meinungen mit, und entscheidet sich denn auch selbst sehr bestimmt. Die erste Ansicht bezeichnet er dahin, dass, als Kaiser Heinrich II in der im Hochstifte Wirzburg gelegenen Stadt Bamberg ein Bistum habe gründen wollen, er sich mit dem Bischofe von Wirzburg habe vertragen müssen, und ihm dann für den Theil welchen er aus dem Hochstifte Wirzburg in seine neue Schöpfung Bamberg gezogen das Herzogthum zu Franken übergeben habe. Nach der zweiten Meinung habe König Lothar II, ein geborner Herzog zu Sachsen, auf einem Reichstage zu Mainz in Gegenwart der Kur- und anderen Fürsten dem Hochstifte Wirzburg das Herzogthum zu Franken auf ewige Zeit geeignet. Diesen Anschauungsweisen gegenüber fährt er dann weiter folgendermassen fort.

Aber die tritte maynung ist die warhait, das konig Pipin, wie dann hieoben auch gemelt worden, vnd sein sone kaiser Carl der gros die stat vnd slossere Wirtzburg, Vnserfrawenberg, Carlstat, Carlburg, Hohenburg, vnd anders das hertzog Hettuf nach seinem tod verlasen sampt derselbigen vnd andern leuten vnd gutteren zu- vnd eingeborungen, vnd damit des itzgenanten hertzogen Hettnfeu gantz hertzogtumb in Francken, das ist alle obrickait die er der hertzog als der landsfurst nit allain vber sein aigene vnd ime on mittel vnterworfene vnterthane sonder auch vber alle vnd iede grauen herren freien rittere vnd knechte vnd derselben vnterthanen in den grenitzen seines hertzogtumbs gesessen gehabt vnd herbracht hat, s. Burgharten seinen nachkomen vnd stiffte zu aigen gegeben hat, welchs dann aus dem obbemelten kaiser Fridrichen des ersten angezogen priuilegi lauter erscheinet, in dem das er clerlich antzaigt das dem stiffte Wirtzburg das hertzogthumb von kaiser Carln dem grossen gegeben worden sey. priuileg. fol. 232 sub litera B. so wurt dasselbig in dem alten¹) bambergischen gebrechenbuch an den 138, 148, 248 blettern auch angeregt.

Darumb an disem ort wol zumercken, nachdem in den hie oben angezogen freyhaiten darans das landgericht des hertzogtumbs zu Francken gegrunt wurt gewonlichen dise zwai wortlin stehn: res et homines, das das res nit allain fur die gutere des stiffts, sonder fur alle vnd iede zu- vnd eingehorende recht vnd gerechtickait, in summa fur alle ding dem stifft Wirtzburg vbergeben vnd zugehorig, verstanden vnd ausgelegt werden solle.

Vnd ob wol die warhait das derselben zeit das oster- oder orientisch Franckreich, itzund Franckenland genent, mit seinem gezirck vil weiter gewest ist dann itzund, auch datzumal vnd etliche lange jare hernach mer dann ain hertzog vnd graue die von Francken genent worden gelebt haben, als hertzog Conrad der erst konig, hertzog Conrad der weis, so in der christlichen schlacht die kaiser Ot vnd s. Vlrich bischof zu Augspurg mit den Hunen gethan haben vmbkomen ist, hertzog Conrad der ander konig vnd erst kaiser, von welchem kaiser Hainrich der trit, kaiser Hainrich der viert, vnd kaiser Hainrich der funfft, sein sone diechter vnd enicklein, alle geborne hertzogen zu Francken herkomen sein, so hat doch kainer in disem lande, das von derselben zeit an bis vf disen tag das hertzogthumb zu Francken genenet wurt, gewonet, sonder am Rein, in der Weteraw, vnd anderswahe.

Gleichwol sein vill grauen vnd herren in disem land gewesen, deren geschlecht zum tail abgestorben. die haben aber alle von wegen des hertzogthumbs zu Francken vf ain bischof zu Wirtzburg als iren hertzogen vnd landsfursten gesehen, vnd ime — wie si vnd ire eltern vor alter den hertzogen gethan haben — vnterthanig vnd gewertig gewest.

Es sind auch derselben zeit vnd etliche hundert jare hernach die burggrauen zu Nuremberg, itzund marggrauen zu Brandenburg, nit gewest.

So ist auch lange zeit hernach der stifft Bamberg, wie oblaut, erst vfgericht worden, an welchem orte vnd daselbst vmb, desgleichen auch an den enden vor dem Duringerwalde so itzund den fursten von Sachsen zustehn vnd die hertzogisch art genent wurt, die furstlich obrickait ainem bischof zu Wirtzburg als hertzogen zu Francken zugestanden hat, vnd von rechts vnd billickait wegen noch zusteht vnd geburet. dann ob wol die

---

1) Nämlich dem dritten oder auch sogenannten schwarzen.

gedachten herren, wie hernach vnterschiedlich angezaigt wurt, etwa manche stette schlosssere flecken leut vnd gutere die in des obgemelten hertzogthumbs zu Francken obrickait vnd gerichtbarkait gelegen sein durch kauff beyrate vbergab oder in andere weis an sich bracht, hat inen doch dardurch nit mer obrickait daruf zuwachsen mögen dan die selbst gehabt von denen es an si komen ist, darumb si auch dem stifft Wirtzburg seine hochgefreyte habende obrickait vnd herlickait an denselben enden mit kainen fugen oder rechten nemen oder entziehen mögenn.

Vnd ist vnzweyuenlich darfur zuhalten, das konig Pipin vnd sein sone kaiser Carl der gross s. Burgharten vnd dem stifft Wirtzburg ire briefe vnd sigil vber das gemelt hertzogtumb gegeben haben. die sind aber mit der brunst die sich etliche jare darnach durch das wiltfeur im domstifft zugetragen hat sampt andern mehr kostlichen freyhaiten vnd briefen verderbt worden, wie ich dann hieoben von solchem feur auch meldung gethan hab.

So sein auch sunst des vbergeben hertzogthumbs halben noch siben tapfere antzaigung vorhanden.

Erstlich das an vnd vf allen vnd ieden leichstainen der verstorben bischofe so hie im domstifft begraben ligen ir aigen biltnus nit allain mit dem bischoflichen stabe als bischoue sonder auch mit ainem schwert als der hertzogen zu Francken gehawen ist, ain stain allain ausgenomen, des bischof nit hie sonder jhenseit mers gestorben vnd begraben ist.

Zum anderen das die alten bischoue zu Wirtzburg, so vor vil jaren gemuntzet, ire aigene biltnus — nemlich ain bischoflich brustbilt — in der ain hand ain stab oder creutz, vnd in der andern ain schwert oder basir zu bezaichung des hertzogtumbs zu Francken vf die bemelten jre muntze haben schlagen lasen. vnd ob gezweyuelt werden wolte das solche biltnus des muntzeuden bischofs oder des hailigen vnsers patrons s. Kilians, der durch das schwert in die zal der hailigen marterer komen, sein solte, wurt derselbig zweiuel durch die itzberurten leichstain, so den bischofen in der domkirchen hie zu Wirtzburg vfgericht worden, gentzlich hinweg genomen.

Zum tritten so ist bey den bischouen zu Wirtzburg, wie zum tail hieoben auch angezaigt, ie vnd alwegen herkomen, vnd bis vf disen tag gebraucht worden, das man denselbigen vf den hohen festen zu ainem zaichen das si hertzogen zu Francken sein ain sonders schwert offentlichen furtregt, dauon dann etliche walische vnd andere zeitschreybere in jren lateinischen vnd teutschen chronicken meldung thun. so wurt auch ainem ieden bischof, wann er im dom zu chor steht, oder so er in den dom procession vnd kirchgengen geht, als dem hertzogen zu Francken ain vendlin furgetragen oder vorgehalten darin das wapen des hertzogthumbs zu Francken gemacht ist. daher das gemain aber gar alt vnd weit erschollen sprichwort herfleust also lautend:

        Herbipolis sola indicat ense stola,

das ist zu teutsch:

        Dem bischof zu Wirtzburg allain
        ist das schwert vnd stol gemain,

souil geredt: wiewol ain bischof zu Wirtzburg ain gaistlicher furst ist, dannoch hat er als ain hertzog zu Francken aigner persone den ban zuleyhen vnd vber das blut zurichten. vnd sind dise wort aus der vmbschrifft des obberurten landgerichts jnsigil gezogen worden.

Zum vierten hat ain bischof zu Wirtzburg als der hertzog zu Francken das vilgedacht hochgefreyt landgericht, welchs nach ime als dem hertzogen das landgericht des hertzogtumbs zu Francken gehaissen worden ist, vnd noch heut zu tag den namen hat, vor siben hundert vnd etlichen jaren herbracht geubt vnd gebraucht, wie dann dasselbig hieoben nach der leng ist angezaigt, vnd dasselbig von villen kaisern vnd konigen die von kaiser Carln dem ersten bis vf kaiser Carln den funfften dem hailigen reich teutscher nation vorgestanden mit sondern schonen zierlichen freyhungen vnd begnadungen dem stifft Wirtzburg gegeben verlihen bestettigt vnd in gemain vnd in sonderhait confirmirt ist, daran alwegen siben persone des adels zu Francken zum schilt geboren als vrtailer sitzen vnd vber die furbrachten clag der sachen vnd felle die vermög berurter freyhaiten daran gehören recht sprechen, auch vnter anderem herkomen gebraucht vnd also gehalten worden, wa sich ietzuzeiten vnter den freyen Francken des adels zu gedachtem stifft Wirtzburg vnd seinem gewidembten hertzogtumb zu Francken angehörig sachen die erbe guten leimat vnd gerucht belangen zugetragen haben, das der bezichtigt den andern schmähenden tail vor dem berirten landgericht mit recht furgenomen,[1] welchs der bischof iederzeit aigner persone vnd in seinem angethanen harnisch als ain hertzog zu Francken selbst besessen vnd vrtail gesprochen hat, dauon hernach weiter.

Zum funfften ist es von alter also herkomen, vnd wurt noch bis vf dise stunde gehalten, das ain bischof zu Wirtzburg die jhenen so an seinem landgericht oder von desselben wegen mit vrtail in die pene gesprochen als ain hertzog zu Francken aigner persone bant vnd achtet, auch sunst den ban vber das blut verleihet, vnd gewalt zum peinlichen rechten gibt.

Zum sechsten so entpfangen auch die bischofe zu Wirtzburg vnter andern iren regalien das hertzogtumb zu Francken vnter dem geburenden fanen offentlich. 1 contractnum Laurentij fol. 16'—17', vnnd priuilegiorum fol. 167—170, 381'—383'.

Zum sibenden werden auch etliche tapfere zent im stifft Wirtzburg austrucklich im namen vnd von wegen des hertzogtumbs zu Francken von alter here begegt, als Hasfurt, Eltmain, vnd Hohenaich. jm alten schwartzen bambergischen gebrechenbuch fol. 252'—253 b'.

Wir begnügen uns hier mit diesen Mittheilungen aus der Schrift des Lorenz Fries über das Herzogthum Franken und dessen kaiserliches Landgericht.

Noch haben wir oben S. 152 und 172 einer Arbeit desselben gedacht welche die weltlichen wie geistlichen Gerichte des Hochstiftes

---

[1] Am Rande findet sich zu dieser Erwähnung des Kampfrechtes von Fries die Bemerkung: Franckenrecht in den landgerichts protokollen bischof Johanns von Grunbach Fol. 299.

und der Stadt Wirzburg (beziehungsweise des Herzogthums Franken) behandelt.

Sie bildet kein besonderes Werk, sondern ist in der Fassung von welcher wir handeln seiner viel erwähnten sogenannten hohen Registratur wie diese nunmehr in drei Foliobänden vorliegt, deren letzter allerdings von bedeutend mässigerem Umfange ist als die beiden ersten, und wovon die Artikel vom Buchstaben A angefangen bis zu „Northaim im Grabfeld" gegen Ende des Buchstabens N im zweiten Bande Fol. 129' oder nach der ursprünglichen Durchzählung vom ersten Bande herüber Fol. 512' von der Hand des Lorenz Fries geschrieben sind, während der Rest des Werkes von Fol. 130 beziehungsweise 513 ab nach dessen Vorarbeiten von Johann Schätzler gefertigt ist, welcher selbst an den verschiedensten Orten Zusätze[1]) gemacht hat, wie sich solche denn auch noch aus späterer Zeit allenthalben eingetragen finden, im Bande I von Fol. 210 bis 222' unter dem Schlagworte Gericht im Buchstaben G einverleibt.

Wir können nicht zur Mittheilung der nach verschiedenen Seiten hin interessanten und wichtigen Arbeit schreiten, ohne vorher einiges zu äussern was aus mehrfachen Gründen für ihre Beurtheilung von Einfluss ist, insbesondere auch in Bezug auf die Gestalt wie selbe uns am angeführten Orte begegnet.

Im Entwurfe dieser hohen Registratur[2]) selbst, einer

---

1) So findet sich beispielweise eine solche selbstständige Erweiterung unter der „Ritterschaft" bis zum Jahre 1561, nämlich bis zur Mittheilung des Fürstbischofes Friedrich an die Ritterschaft über die Errichtung des Pädagogiums am s. Agnetenkloster zu Wirzburg vom Donnerstage nach Vocem jucunditatis 1561.

2) Was ihre Entwicklungsgeschichte anlangt, werden wir schwerlich irren, wenn wir uns selbe folgendermassen vorstellen.

Es setzt eine derartige Arbeit, welche neben zahllosen kleineren auch eine hübsche Anzahl umfangreicher Artikel enthält, wie beispielsweise über Ebern I Fol. 131—136, über Gericht I Fol. 210—222', über Haller oder Häller I Fol. 264'—271, über Iphofen I Fol. 327' —335', über Kloster Kamberg I Fol. 81—87', über Kitzingen I Fol. 351—360', über Leben II Fol. 15'—21' beziehungsweise 391'—397', über Leibeigenschaft II Fol. 21'—36' beziehungsweise 397'—412', über das Marschallamt des Hochstiftes Wirzburg II Fol. 71—83' beziehungsweise 454—466', über Münze II Fol. 104—113 beziehungsweise 487—496, schon auf den ersten Blick einen Plan voraus, der zwar sogleich von Anfang an sich consequent durch und durch verfolgen liess, der aber beim ersten Angriffe des Unternehmens selbst sich auf einen Rahmen wird beschränkt haben müssen welcher eben da wo es erforderlich sein

grossartig eigentlich zunächst als eine Art Archivrepertorium angelegten
fränkisch-wirzburgischen Realencyclopädie im besten Sinne des Wortes,

mochte seine nach und nach eintretende weitere Ausfüllung ohne Hinderniss gestattets. Das war bei alphabetischer Anlage des Ganzen insoferne leicht möglich als sich je für neue Artikel oder bei den schon vorhandenen für die Einträge neuer Stellen und weiterer Ausführungen aus den Urkunden wie anderen Quellen von selbst bequem der Platz ergab wohin diese zu setzen waren. Auf der anderen Seite aber bot sich bei der Anlage in nicht zu bedeutendem Umfange auch keine Schwierigkeit, einmal doch das Werk je nach dem Verhältnisse der darauf verwendeten Zeit wenigstens bis zu einem gewissen Grade von Vollständigkeit in den einzelnen Buchstaben von A bis Z zu bringen, sodann aber auch ohne Mühe, wenn bei diesen oder jenen Artikeln im Verlaufe der Zeit naturgemäss sich irgend welche Erweiterung herausstellte, an den entsprechenden Orten die betreffenden Zettel und Blätter einzufügen, dass sie bei der seinerzeitigen Reinschrift richtig benützt werden konnten. Mit anderen Worten also, wir stellen uns den Beginn des Ganzen auch schon in alphabetischer — wenn auch noch nicht ganz und gar strengrichtiger alphabetischer — Folge aber in mässigem Umfange vor, und glauben dass aus dergleichen Vorarbeiten sodann das uns jetzt vorliegende Werk entstanden.

So werden wir uns auch nicht sonderlich täuschen, wenn wir einen noch im wirzburger Archive befindlichen seinem ganzen äusseren Zustande nach nicht übermässig hoch geachteten in einfaches weiss-gelbes Leder gehefteten Folianten, auf der Vorderdecke sowohl mit Bleistift als auch mit Tinte als Nrm. 102 bezeichnet, von der Hand des Lorenz Fries gefertigt, als den Entwurf der in Frage stehenden Arbeit ansehen. Er ist auf besonderen Foliolagen oder wie er selbst sie bezeichnet Quaternen von festem Papier je für den betreffenden Buchstaben des Alphabetes von A bis Z geschrieben, und sind auch noch Ueberreste eines hiezu bestimmten Inhaltsverzeichnisses vorhanden, welches je nachdem die einzelnen Lagen paginirt oder wie beispielsweise die für N oder S oder W foliirt waren die entsprechenden Seiten oder Folien angibt, nämlich noch lose über die Buchstaben L O P Q R T und Z, während jenes über den verbundenen Buchstaben S diesem selbst zwischen Fol. 6 und 7 eingeheftet ist. Auf dem Quaterne für den Buchstaben L begegnet gleich auf der ersten Seite oben die Bemerkung: angefangen Egidij 1547, und beim Worte Landgericht ist beigefügt: hat sein sondern quatern. Das Ganze trägt sogleich beim ersten Anblicke unzweifelhaft den Charakter eines Entwurfes dessen Artikel innerhalb der einzelnen Buchstaben noch nicht in streng alphabetischer Reihe folgen, und der Text des gesammten Folianten ist von Seite zu Seite mit Tinte durchstrichen, was offenbar nach der Herstellung der Reinschrift beziehungsweise nach der Umarbeitung in das grössere Werk geschehen.

Dass er der Entwurf der hohen Registratur des Lorenz Fries ist, möchte sich schon aus einem vorne inliegenden kleinen Zettel von der Hand Schätzlers ergeben, welcher besagt: Maister Lorentz Fries S[ecretari] hat dis buch lautter extendirt bis vf den buchstaben O. die andern sein noch zu extrudirn. Dieses stimmt ganz zu dem was wir oben S. 196 bemerkt haben, dass die in ihrer jetzigen Gestalt vorliegende hohe Registratur von A angefangen bis zum Artikel Nordheim im Grabfelde von der Hand des Lorenz Fries selbst geschrieben ist, während der Rest des Werkes Schätzlers Hand zeigt. Dass aber unser Foliant ganz gewiss der Entwurf der in Frage stehenden Arbeit ist, geht wohl schlagend daraus hervor wenn man eine Andeutung welche Schätzler im dritten Bande der hohen Registratur Fol. 100' macht hiemit in Verbindung bringt. Er sagt nämlich am

wie wir uns oben S. 151 und 166 ausgedrückt haben, begegnet uns nichts weiter als nur eine kleine Reihe kurzer Bemerkungen und Andeutungen zu

berührten Orte unter dem Schlagworte Wirzburg: Magister Lorentz Friess wirtzburgischer rath vnd secretari thut meldung das er aus einem alten statbuch in des cantzlers stüblein in der cantzlej ligend getzogen — hab ich mit funden — nemlich ordnung der procession 8, vntergang zwischen Rosberg vnd Durchbach 9, landlaitung der strassen bei der bulleiten post fol. 9, jm holgarten in sequentibus, u. s. w. bis jus patronatus zo sant Ere vnd Gemere 89, feld hut wie die vor alter bestelt worden 118. Und in unserem Folianten bemerkt Lorenz Fries selbst auf S. 12 des Buchstabens W folgendes: Aus einem alten statbuch in des cantzlers stublin ligend gezogen: ordnung der procession 8, vntergang zwischen Rosperg vnd Durrbach 9, landlaitung der strassen bey der boleiten post fol. 9, jm holgarten in sequentibus, u. s. w. bis jus patronatus zu s. Ere vnd Gemere 89, veldhut wie die bestalt worden vor alter 118. Hiernach wird wohl jeder Zweifel schwinden müssen dass unser Foliant der Entwurf des grossen Werkes ist. Uebrigens können wir auch noch einen Schritt weiter gehen, und eine Stelle vorführen in welcher geradezu von dem nur auf den betreffenden Folianten passenden Concepte des Lorenz Fries gesprochen wird. Nämlich in dem aus demselben Orte wie er in das wirzburger Archiv übergegangenen und wie er von den gleichen Händen sowohl mit Bleistift als auch mit Tinte als Num. 110 bezeichneten in einfaches weiss-gelbes Leder gehefteten Bande der sogenannten Miscellenrubrik des Hochstiftes Wirzburg, im sechszehnten Jahrhunderte gefertigt und „Index des dritten thails der hochen registratur" unrichtig überschrieben, indem er sich nicht einzig und allein auf diesen bezieht, sondern auch noch die vorhergehenden Buchstaben A bis S einschliesslich sammt deren sogenannter Nachregistratur berücksichtigt, ist gleich auf dem ersten Blatte vorsichtshalber bemerkt: zusehen ob nit auch noch was jn dem concept des andern vnd dritten thails der hochen registratur zufanden das in Schetzlers abschraiben vbersehen, dieweil sich Fries auch im ersten thail Fol. 101 darauff referirt. Diese letztere Bemerkung trifft zwar nicht ganz und gar zu, indem diese beim Artikel Clausen angebrachte Verweisung „danon such her nach im worte cloester" sich auf diesen sogleich auf Fol. 102 beginnenden Artikel noch des ersten Bandes bezieht. Immerhin aber bleibt die Sache selbst richtig, indem allerdings möglicherweise beim Abschreiben und Ueberarbeiten aus dem Entwurfe des Lorenz Fries leicht diese oder jene wenn auch kleine doch vielleicht werthvolle Bemerkung in Schätzlers Arbeit im zweiten Bande von Nordheim im Grabfelde ab wie im dritten Bande hätte übersehen werden können, was in solchem Falle verbessert werden wollte. Für uns jedenfalls ist es nicht ohne Wichtigkeit, dass gerade hier mit klaren Worten das nur auf unseren Folianten passende Concept des Lorenz Fries selbst erwähnt ist.

Die mit diesem Entwurfe in seinen verschiedenen einzelnen Bestandtheilen von A bis Z allmälig theils von Lorenz Fries selbst, theils nach seinem Tode von dem — wie wir oben S. 158 bereits angeführt haben — eigens hiemit beauftragten Johann Schätzler vorgenommenen Umarbeitung ist die oben bemerkte nunmehr in drei Foliobänden bestehende hohe Registratur.

Schon zu Lebzeiten des Lorenz Fries selbst war auch die Abtheilung des ersten und zweiten Bandes vorhanden. Er bemerkt in II Fol. 50 beziehungsweise nach der von dem ersten herüber vorgenommenen Durchzählung Fol. 431 unter Machtoldshausen: jn dem ersten schroet diss buchs.

Was die oben erwähnte Durchzählung anlangt, war anfangs die Bezeichnung der Blätter von dem ersten Bande ohne weiteres in den zweiten herüber durchgeführt. Uebrigens hat

einem allenfallsigen Artikel über die fränkisch-wirzburgischen Gerichte auf S. 19 der Lage des Buchstabens G, wie folgt:

Lorenz Fries selbst schon in diesem neben ihr eine neue besondere Foliirung von 1 angefangen angebracht, und auch selbst nach derselben gezählt. So bemerkt er beispielsweise auf Fol. 21' beziehungsweise 397 unter dem Rubrum „ain kurtze vnterschiedliche anzaigung der leben" ganz einfach: setz die figur hieher ex fol. 15'. Dieses ist das alte Fol. 391', auf welchem sich auch bei der betreffenden so zu sagen Lebensgenealogie die wieder zutreffende Randbemerkung findet: binab (fol.) 21'.

Die hohe Registratur hat indessen nach der Anschauung weder des Lorenz Fries noch des Schätzler als ein in dieser Gestalt abgeschlossenes Werk zu gelten, wie sie ja nach ihrer ganzen Bestimmung nach fort und fort weiter entwicklungsfähig sein sollte und auch wirklich gewesen ist. Was hiebei Lorenz Fries anlangt, hat er an den verschiedensten Stellen Bemerkungen zu Abänderungen für eine seinerzeitige weitere Reinschrift des Ganzen angebracht, wie etwa, um nur ein Beispiel anzuführen, in I Fol. 101 am Schlusse des Artikels über die Klausen, welcher theilweise durchstrichen ist: rectificen ex schedula vel quaternione. Was Schätzler betrifft, liegen in dem viel erwähnten Folianten des Entwurfes noch von seiner Hand in zwei Fascikeln die Ueberreste von Nachträgen an welche für den ersten und zweiten Band der hohen Registratur bestimmt waren. Der erste dieser Fascikel führt die Ueberschrift: Hierin ligen die buchstaben A B C D E F G H I K der nachregistratur, die sollen in den ersten schrot des Friesen in fine registrirt werden. Auf dem zweiten steht: Auszug der buchstaben L M N O P Q R S der nachregistratur, die sollen in den andern schrot des Schetzlers registrirt werden.

Als das ganze Werk in seiner jetzt vorliegenden Gestalt von Lorenz Fries und Johann Schätzler vollendet war, fertigte dieser noch die Inhaltsverzeichnisse zu jedem der drei Bände, und in späterer Zeit wurde von der ganzen fort und fort unschätzbaren Arbeit eine Abschrift gleichfalls in drei Bänden in grösstem Folioformate veranstaltet, welche mit der Beglaubigung des wirzburgischen Oberregistrators und Archivars Pater Vogt vom 24. März 1721 versehen ist.

Dieses über die hohe Registratur selbst, soweit hiebei nicht lediglich der archivalische Standpunkt in Betracht zu kommen hat.

Interessirt noch aber der Zeitpunkt der Abfassung dieser Arbeit unseres Lorenz Fries, so werden wir nicht sonderlich irren, wenn wir ihn in die Jahre von 1541 an bis zu seinem Lebensende setzen. Es liegen uns hiefür theilweise ganz bestimmte Angaben von ihm selber vor, wovon die nachstehenden hier einen Platz finden mögen. Auf S. 1 des ersten Blattes, also des Anfanges des gesammten Werkes, ist unten am Rande noch fast ganz erhalten: angefangen mbato post Luce eniuscliete, die Cordulae, anno 1541. Am Beginne des Buchstabens C Fol. 80 begegnet uns: j[acepi] 6 junij 43 ju die s Viti. Am oberen Rande des Anfangsblattes des Buchstabens E Fol. 129 ist noch erhalten: Martini 44. Gleichfalls am oberen Rande des Anfangsblattes des Buchstabens H Fol. 244 steht noch: vltima maij 46. Wieder am oberen Rande des Anfanges des Buchstabens K Fol. 343' lesen wir: am teg Jacobij 47. Hieran mag sich schliessen was wir bereits oben S. 197 in der Note bezüglich der ersten Lage für den Buchstaben L im Entwurfe der hohen Registratur angeführt haben: angefangen Egidij 47. Fehlen uns weitere dargleichen Anhaltspunkte, so ist nicht zu übersehen, dass im Werke selber da und dort Andeutungen auf die Jahre 1548 und 1549 vorkommen. So geschieht in II Fol. 51' beziehungsweise nach der Durchzählung vom ersten Bande herüber 432' unter dem Kloster Maidbrunn Erwähnung, wie

Gericht vf dem airmarkt zu manlehen entpfangen. in Alberti [feod.] fol. 26.
Gericht zu Sande. Alberti feod. 45.
Gericht gaistlich. seine personen gefreiet. priuileg. 174. als der gaistlickait jm stifft Wirtzburg durch kayser Carl den vierten ain priuilegj geben ist, daz si die layen in laischen sachen am gaistlichen gericht mogen furnemen. priuileg. 162. auch furter jnn wortlin priuilegj.
Reformation der gaistlichen gericht durch bischof Oten gemacht. priuileg. 162.
Wie bischof Gotfrid vnd marggraue Albrecht der ordnung halben in gaistlichem gericht vff Maintz verfast. in hadrorum 454' vnd in der getruckten reformation anno 1448.
Ain gemain ausschreiben, dem gaistlichen gericht sein gang zulasen. diuers. form. 248. 263.
Wie des stiffts vnterthonen vnd verwanten vor frembden gerichten

---

„Wilhelm von Grunbach zu Rimpar sich vnterstunde, anno 1518 an dem maldbronner bach nach vogelen zustellen" u. s. w. In I Fol. 326 wird der Wiedereinlösung von Burg vnd Amt Ingolstadt durch Fürstbischof Melchior am Tage Petri cathedra 1548 gedacht. In I Fol. 287 erwähnt Lorenz Fries die Bestätigung der Zollfreiheit für Hasfurt durch Fürstbischof Melchior als zum Jahre 1549, aber mit Leerlassung des Raumes für die Angabe des Monats und Tages. In Wirklichkeit indessen fällt diese nach dem liber 2 diversarum formarum Conradi Fol. 236 bereits auf den 16. Februar des folgenden Jahres 1549. Und gewiss ist anzunehmen, dass Lorenz Fries von dieser seiner Lieblingsarbeit sich erst mit seinem im folgenden Jahre — vgl. Dr. Ruland im Archive des historischen Vereines von Unterfranken und Aschaffenburg XIII S. 300 bis 308 — erfolgten Tode getrennt.

Wir haben bisher das in Frage stehende Werk immer nur als aus drei Bänden bestehend erwähnt. Dem gegenüber möchte uns vielleicht derjenige welcher näherer Kunde des wirzburger Archives sich zu erfreuen hat entgegen halten, dass auch noch ein vierter Band genannt wird. So finden sich beispielsweise im Inhaltsverzeichnisse Schätzlers zum zweiten Bande noch die Nachträge: Melsendorff vide tomo 4 sub S. fol. 34. und weiter: Stainsdorff in tomo 4 fol. 26. Sie beziehen sich auf einen als „liber antiq: divers:" überschriebenen und vielleicht eben deshalb sonderbarer Weise annmehr unter die Libri diversarum formarum eingereihten Papierfolianten. Er bildet gewissermassen wirklich eine Fortsetzung der hohen Registratur bis gegen das Ende der achziger Jahre des sechzehnten Jahrhunderts, ist in alphabetischer Folge der Buchstaben ohne streng alphabetische Anordnung innerhalb derselben in der Weise gefertigt dass jeder Buchstabe auch seine besondere von 1 anfangende Foliirung hat, und enthält theilweise Artikel deren Ursprung offenbar auf Lorenz Fries zurückgeht. So werden beispielsweise unter W gleich im ersten Artikel „die alten walfarten im stifft Wirtzburg ex relatione L.[orentz] Friss" aufgezählt. Nicht mit Unrecht kann also dieser Foliant als eine Ergänzung der hohen Registratur angesehen werden, und wurde auch nach den bemerkten Andeutungen bereits im sechzehnten Jahrhunderte als ihr vierter Band betrachtet.

gefreit sind, auch im P priuilegj. bischof Grunbach hat derwegen ain verbot ausgehn lassen. j Rudolfi 298.

Jtem das in sachen vnter ij^c niemant von des stiffts gerichten appelliren solle. ibidem (das heisst im P priuilegi).

Walstorf, etwan den von Thunuelt zustendig, das von dem dorfgericht daselbs gein Wirtzburg appellirt werde. diuers. form. fol. 141.

Gwalt zum peinlichen rechten den ain bischof gibt. diuers. form. Laur. 89. auch im wort bainlin.

Wie stattlich nimmt sich diesen dürren Anführungen gegenüber die Abhandlung über die fränkisch-wirzburgischen weltlichen wie geistlichen Gerichte in der hohen Registratur selbst I Fol. 210—222' aus! In dieser Hinsicht möchte in Kürze noch folgendes zu berücksichtigen sein.

In dem Entwurfe wovon die Rede gewesen liegt lose neben anderen theils darauf theils auf andere Gegenstände sich beziehenden Excerpten des Lorenz Fries wie zwei Fascikeln mit Nachträgen des Schätzler ein von der Hand des ersteren in Grossfolio geschriebenes und „Register oder Jndex vber den ersten Schrot vom Friesen" überschriebenes Inhaltsverzeichniss, welches sich schon nicht mehr auf jenen Entwurf sondern bereits auf die im ersten Bande der hohen Registratur vorliegende Umarbeitung bezieht, und in welchem auch die zwischen dessen Register und wirklichen Text gebundene bereits früher S. 158 erwähnte Verzeichnung der in der wirzburgischen Kanzlei vorhandenen Copial- Gerichts- und anderen Geschäftsbücher von der Hand Schätzlers mit berücksichtigt ist. Immerhin aber scheint es, dass dieser Index, da er mit der jetzigen Foliirung des ersten Bandes der hohen Registratur nicht zusammenstimmt, bereits entworfen gewesen ehe der Band seine jetzige feste Gestalt erhielt, bis wohin noch diese und jene Veränderungen durch Umschreiben einzelner Blätter oder Einschieben von neuen Blättern oder Lagen damit vorgenommen werden konnten, und auch wirklich vorgenommen wurden, wie ja denn beispielsweise hier und dort Folien mit späteren Einträgen an den entsprechenden Orten eingebunden sind. Vielleicht hatte er auch früher eine andere seinerzeit durch den Buchbinder beim Beschneiden absichtlich oder unabsichtlich weggenommene Foliirung.

Gerade aus der Vergleichung dieses Registers nun mit dem wirklichen Texte ergibt sich, dass dessen jetziger Stand nicht ganz derjenige ist welchen uns das Inhaltsverzeichniss darstellt. Wie schildert uns dieses den Artikel über die Gerichte, und wie verhält er sich im wirklichen Texte von I Fol. 210—222' der hohen Registratur? Letzteren Stand kennzeichnen wir durch Beifügung der betreffenden Folien zu den Angaben des in Frage stehenden Inhaltsverzeichnisses.

Vicariat }	166	. . . . 210.		Veldgeschworn }	172	. . . 217.
Officialat }				Oberrat }		. . . . 217'-18'.
Ertzpriester }	166 d. 167	. . 210'-12.		Gericht die abgangen 173		. . 218'.
Jr capitele }				Blaichach }		
Jr officials 168		. . . . . 212'.		Haug }	gericht 173 d	219-220.
Chorgericht }				Hoffschultaissen }		
General }	169	. . . { 213'.		Airmarkt }	. . . .	. . 220'.
Kellergericht }		. . . . 214.		}	gericht 174 d	
Landgericht }		. . . . 214'.		Steffens }	. . . . . .	. . 220.
Landrecht }				Judengericht }	. . . . .	. . 220'.
Brükengericht }	170	. . . } 215.		Gericht vfm land }	175	. . . 221.
Oberst zent }				Dorfgericht }	. . .	. 221.
Sal } gericht	170 d	. . . 215'.		Mal }		
Stat }				Peters }		
Cantzleigericht }				Kirchwei }	gericht 175 d	
Hof }		. . } 216.		Weltzen }		
Lehen } gericht	171			Gerichttaffel 176 d		
Riterschafft }		. . . 216'.		Gerichtsordnung 168 d		. . . 213.
Statgeschworn }		. . . 217.		Gerichtsperson gefreitt 169		. . 213'.

Wir ersehen hieraus, dass wir in dem Texte selbst theilweise eine Erweiterung der seinerzeitigen Bearbeitung haben, theilweise aber auch diese selbst wie es den Anschein hat in einzelnen kleineren Partien nicht mehr ganz vollständig. Nachdem von den Gerichten ausserhalb der Stadt Wirzburg im Hochstifte und im Herzogthume Franken gehandelt ist, findet sich ein Verweisungszeichen [1]), vielleicht auf das was

---

1) Der Schluss unseres Textes nach diesem Zeichen findet sich im berührten Register unter A und F folgendermassen aufgeführt:
   Appellation von des stiffts hohen gerichten an das camergericht wurt nit zugelassen vnter ij° fl. 175 d.
   Freiung vor fremden gerichten 176. Fremde gericht binden die stiffts gericht nit 176.

im Inhaltsverzeichnisse unter den Fol. 175d bis 176d bemerkt ist, was möglicherweise auf einem besonderen Zettel beigelegt gewesen, nunmehr aber fehlt, während gegen die frühere Bearbeitung wonach als abgegangene Gerichte nur sechs aufgeführt sind und das Kampfrecht ausgelassen ist dieses Aufnahme gefunden, so dass Lorenz Fries auch nachträglich noch das Wort „sechs" in der Ueberschrift wie in der ersten Zeile des betreffenden Abschnittes in „sieben" abgeändert hat, und vielleicht, wenn er eine nochmalige Revision hätte vornehmen können, noch weiteres angefügt hätte, wie beispielsweise das Gericht unter den Brettern [1]) oder wie es auch früher erscheint das Judicium sub asseribus. Es ist überhaupt gerade in diesem Abschnitte über die abgegangenen Gerichte zu Wirzburg mehr als sonst corrigirt, und was insbesondere das Hofschultheissenamt betrifft scheint sich Lorenz Fries längere Zeit nicht im klaren gewesen zu sein, wie wir selbst eben diesen Theil seiner Darstellung auch jetzt noch nicht für ganz zutreffend erklären möchten. Bleiben wir bei dem Ganzen einen Augenblick stehen, so bietet uns

---

1) Im Liber antiquitatum diversarum — vgl. oben S. 200 den Schlussabsatz der Note — wird unter dem Buchstaben L auf Fol. 2' bemerkt: Landgericht vnder denn brittern gehalten. priuileg. 824. antiquus feodorum Gl. 78.

Die beiden letzten Stellen beziehen sich auf folgende zwei Einträge im Liber antiquus feodorum aus den Jahren 1328 und 1331: Anno domini m° ccc° xxviij° feria v*° ante Galli contulit dominus Lupoldo Coquinario de Nurtemberg villulam Hoppembach, vacantem sibi per Sitzonem dictum Esel, sententiatam sub asseribus die precedenti ad Instanciam ipsius Lopoldi. Anno domini m° ccc° xxxprimo recepit Arnoldus de Sauwensheim armiger feoda Virici Frickonis, sententiati per eum in judicio sub asseribus, sita in villa et marchia Sultzfelt, cui dominus contulit quod de jure duntaxat potuit.

Unter den Zeugen einer Urkunde vom 16. August 1336, welche wir in den Mon. boic. XL S. VI und VII haben abdrucken lassen, wonach vor Fürstbischof Otto die Wittwe Mergart vom Lindwurm mit einem Handschuhe ihre Morgengabe dem Kloster Himmelspforten übergibt, erscheinen unter den Zeugen: die vesten manne Heinrich Eckelin gnant vnd Engelhart Vende, vnser schultheissen vnder den brittern in Wirtzburk.

Die obige Verweisung endlich auf den Liber privilegiorum major oder Laurentii Fol. 523'—524' bezieht sich auf Fürstbischof Otto's höchst interessante Melioratio saecularis judicii provincialis episcopatus herbipolensis ejusque ducatus Franconiae reformativa per creationem et de communi sallariatione certorum novorum militum patronorum causarum vom 26. December 1343, welche sich auch in der sogenannten ebracher Handschrift des Magister Michael vom Löwen — vgl. Dr. Ruland im Archive des historischen Vereines von Unterfranken und Aschaffenburg XIII S. 111 bis 210 — S. 98 und 99 findet, und welche wir aus dem herrlichen wirzburger Copialbuche des Lupold von Bebenburg S. 485 — 488 in den Mon. boic. XL S. 541—543 mitgetheilt haben.

sein Text zunächst folgende Aufzählung: das kampfrecht, das gericht zu Haug, das hofschultaisengericht zu Blaichach, das steffanergericht zu Sande, das gerichte vf dem airmarckte, vnd das juden gerichte. Ueber die Namen Blaichach und Haug sind die Buchstaben a und b gesetzt, so dass eine Umwechselung vorzunehmen ist, entweder blos dieser beiden Worte oder auch am Ende der beiden Gesammtbezeichnungen. Sodann ist weiter vor „hofschultaisengericht zu Blaichach" noch „gericht zu Blaichach vber etliche guetere, das" eingeschrieben, wonach sich ergibt dass die Zusammenstellung folgendermassen sich zu gestalten hat: das Gericht zu Blaichach über etliche Güter, das Hofschultheissengericht zu Blaichach, das Gericht zu Haug, also die Gesammtbezeichnung umzustellen ist, und nicht allein die Namen Blaichach und Haug. Was insbesondere das Hofschultheissenamt anlangt, bemerkt er nach dem Paragraphen über das Kampfrecht zur Vermeidung von Missverständnissen: Nota, nachuolgenden bericht des hofschultaisenambts wider zu uberlesen, dan sich treierlai ambt finden werden die zu distinguiren, apud signa :·). Darnach ergibt sich nun, dass die Artikel welche er anfänglich in der Reihenfolge von nur zwei Gerichten hatte, nämlich als Gericht zu Haug und als Gericht zu Blaichach, dessen erste beide Absätze von Arnold Münzmeister und Heinrich wie Hanns Teufel handelten, während der dritte sich mit Gernot Hofschultheiss befasste, in der Weise umgestellt werden sollten wie unser alsbald folgender Text sie nun bietet: nämlich das Hofschultheissengericht zu Blaichach, das Gericht zu Blaichach, das Gericht zu Haug.

Wir glauben hiemit die Andeutungen schliessen zu sollen welche so manche nicht unwillkommene Aufschlüsse zu der Aufzeichnung des Lorenz Fries über die weltlichen wie geistlichen Gerichte des Hochstiftes und der Stadt Wirzburg (beziehungsweise des Herzogthums Franken) bieten, und können nunmehr zu deren Mittheilung schreiten, wobei wir zum Behufe möglich grösster Erleichterung allenfallsiger weiterer Forschungen über den angeregten Gegenstand besonderes Gewicht auch darauf legen zu müssen geglaubt haben, die zahlreichen Verweisungen auf die betreffenden Quellen bezüglich ihrer Richtigkeit mit diesen selbst zu vergleichen und die manchmal verchriebenen zu verbessern.

[Gericht zu Wirtzburg.]

Jn der stat zu Wirtzburg sind zwaierlai gerichte, weltlich vnd gaistlich. Der gaistlichen sein 15, der weltlichen 12.

Gericht gaistlich zu Wirtzburg.

Vicariatus.

Der erst vnd vorderst richter in der gaistlikait zu Wirtzburg ist vicarius in spiritualibus, das ist der verwalter aines bischofs in gaistlichen sachen: dan in seinen gerichtszwang gehoren alle sachen die ain bischof personlich ausrichten mag, nemlich besetzung vnd entsetzung der gaistlichen leben, der schlag des banns vnd interdicts, wider abnemung derselben, vnd alle spruch vnd forderung gaistliche personen vnd gueter belangend im gantzen bistumb.

Dis gericht wurt gehalten in dem gerichtshaus zu der Rotenthur genant alle dinstag donerstag vnd sambstag vor mittags vmb die tertz zeit.

Officialat.

Der ander richter haist officialis curie, ain amptman des bischoflichen hofs. dem sein alle burgere vnd burgerine in der dompfarhe zu Wirtzburg wonend, desgleichen des bischoflichen hofs gesinde vnterworfen in allen fellen vnd sachen daruber die ertzpriestere — von denen bald hernach volgt — zu richten haben.

Es werden auch an disem gericht bestetigt confirmirt vnd gerechuertigt die testament vnd alle andere verträge, sunderlich aber der gaistlichen personen.

Vnd so iemant an der hernachbenanten ertzpriestere gerichten ainiger vrtail beschwert wurt, der mag dauon an dis gericht appelliren.

Vnd wurt solch officialat gericht gleicher weis in dem gericht haus zur Rothenthur gehalten vf die montag witwochen vnd freitag alwegen vmb vesper zeit, das ist nach mittag vmb ain hor.

Ertzpriestere.

Der ertzpriestere im bistumb Wirtzburg sind zwolf, nemlich zehen in der stat vnd zwen vf dem lande. der ieder hat seinen sunderen zugeordenten zircke darin er richter ist, wie hernach steht. vnd werden die gemelten zircke, zwen ausgenomen, capitula ruralia genennet, das ist landcapitel.

Der ertzpriestere jurisdiction richt

vber { wucher-
ketzerei-
simonei-
bann-
ehe-
ehebruchs-
morgengab-
zehend-
geburt-
raub-
gelubdbruch- oder mainaid- } sachen,

auch vber die die sich gaistlicher guetere oder stete freuenlich vnd vnbillig vnterziehen,

vber { der kirchendienere oder widemleute ... \
der so offenlich buessen .... \
der witwen waisen vnd armutseelig personen \
der kirchfarter pilgramen oder wallere .. \
der jhenigen den das recht von den weltlichen \
richteren versagt wurt .... } sachen,

vber die so gaistlichen diebstal oder kirchenbruch begehn,
vnd andere dergleichen, prout in statutis synodalibus¹) fol. 49'.

Von iedem ertzpriester in sunderhalt.

Das erst ertzpriester ambt gehoret einem dompropst zu Wirtzburg zu. an die gerichte gehoren alle burgere vnd burgerin in den treien vorsteten zu Wirtzburg, als Sand Hang vnd Blaichach — darin der Rosperg vnd bede Durbach auch begriffen sein — gesessen. aber die burgere der vorstat zu sant Burckart gehoren vnter den ertzpriester dem das capitel Ochsenfurt zusteht.

Das ander ertzpriester ambt hat inen trei landcapitel mit iren zugehörigen pfarhen, das erst zu Melrichstat, das ander zu Coburg, das trit zu Gais in Buchen. vnd hat iedes derselben capitel ain sunderen dechant vnd sunderen camerer.

Das trit ertzpriester ambt hat auch trei landcapitel inen mit iren zugehorigen pfarhen, das erst zu Hall am Cochen, das ander zu Crailshaim, vnd das trit zu Ingelfingen, welchs vor alter zu Contzel[s]aw²) gehalten worden, aber durch bischoffen Rudolfen dauon gein Ingelfingen³) gelegt. vnd hat iedes capitel seinen sundern dechant vnd camerer.

---

1) Hierunter ist der alte Druck mit dem Anfange „J(n) n(omine) d(omini) a(men). Incipit ordo obseruatus in sacra episcopali sinodo herbipol(ensi) de anno a natiu(itate) ejusdem 1452 die 7 mensis martii" u. s. w. verstanden.

2) Unter diesem Namen heisst es auf Fol. 104': Da ist vor jaren ain ruralcapitel von den prieateren vf dem land gehalten, aber durch bischof Rudolfen in dem 1487 jare in das hohenlohisch stetlein Jngelfingen bis vf widerruffen transferirt worden.

3) Unter diesem Namen bemerkt Lorenz Fries auf Fol. 323':

Das ruralcapitel so [zu] Jngelfingen gehalten wurt ist vor alter im Dorf zu Contzelsaw gewest, aber durch bischof Rudolfen vf bite graue Albrechten vnd graue Crafften von Hohenlohe am montag nach Michaelis des 1487 jars daselbst hinweg vnd in das stetlin Jngelfingen transferirt worden, solang bis bischof Rudolf oder seine nachkomen das widerruffen. rubricata in 3 contractuum Rudolfi fol. 259'.

Dargegen haben sich gemelte bede grauen Albrecht vnd Crafft verschriben, die priesterschafft so si gemelt capitel zu Jngelfingen halten werden zuuerglaiten, bei iren freihaiten statuten gewonhaiten vnd herkomen zuhanthaben zuschutzen vnd zuschirmen, inen jerlich vf den tag des capitels iij fl. ain hirtzen oder stuck wilds sampt ainem wagen brenholtz auslearen etc. actum am mitwochen nach Vitj anno 1487, rubricata 8 contractuum Rudolfi fol. 260. et in diuers. formarum Laurentij fol. 107.

Vnd haben dechant vnd capitel dargegen boden grauen iren reuors vbergeben mitwochen nach Viti anno 1487. rubricata predicto libro diuersarum formarum Laurentij fol. 107'.

Das viert ertzpriester ambt hat zwai landcapitel mit iren zu- vnd eingehorigen pfarhen, das erst zu Weinsperg, das ander zu Butenkhaim. vnd hat der iedes seinen sunderen dechant vnd camerer.

Das funfft ertzpriester ambt hat auch zwai landcapitel: aines zu Ochsenfurt, darein dan, wie obstet, sant Burckarts pfarhe vnd vorstat vnter vnser lieben frawen berg gelegen sampt anderen mer pfarhen gehorig ist; das ander zu Mergethaim, welchs vor etlichen jaren zu Weickardshaim gewesen ist. vnd hat iedes capitel seinen sunderen dechant vnd camerer.

Der sechst ertzpriester hat vortzeiten nit mer dan ain landcapitel mit seinen zugehorigen pfarhen gehabt, nemlich zu Jphouen, darin ain dechant vnd ain camerer. aber vor etlichen jaren ist noch aines gemacht vnd zu Slusselueld gehalten worden. hat auch seinen dechant vnd camerer.

Das sibend ertzpriester ambt hat nit mer dan ain landcapitel mit seinen zugehorigen pfarhen. das wurt zu Carlstat gehalten. vnd hat ain dechant vnd ain camerer. die capital erstreckt sich bis in die Buchen nahe an Fuld vnd in die graueschaft Werthaim.

Der acht ertzpriester hat ain landcapitel mit seinen zugehorigen pfarhen, auch ainen dechant vnd ainen camerer. vnd wurt zu Geroltzhouen gehalten.

Der neund ertzpriester hat ain capitel mit seinen zugehorigen pfarhen, dechant vnd camerer. vnd wurt in der stat Schweinfurt gehalten.

Der zehend ertzpriester hat ain landcapitel mit seinen zugehorigen pfarhen. das ist etwan zu Kitzingen gehalten. vnd hat ainen dechant vnd camerer. aber von wegen der vegde so zwischen bischof Johansen von Grunbach vnd marggraue Albrechten gewesen hat man das gein Dettelbach transferirt, da es noch ist.

Das ailft ertzpriester ambt hat verwaltet der probst sant Gumprechts stifftes zu Onoldsbach. der hat ain ainigs capitel mit seinen zu- vnd eingehorigen pfarhen. darin ist auch ain dechant vnd ain camerer. vnd wurt dasselbig capitel in der stat Windsheim gehalten.

Das zwolft ertzpriester ambt verwaltet der pfarher zu Fulda. vor dem stehn zu recht die pfarleute zu Fulde, Camerzell, Hannfeld, vnd Rasdorf.

Vnd werden diese ertzelte zwolf ertzpriestere bestimbt vnd angezaigt in libr. priuilegiorum fol. 177' vnd 178. 185' vnd 186.¹)

---

1) Diese Folien des fortan häufig erscheinenden Liber privilegiorum, worunter der im wirzburger Archive befindliche Liber privilegiorum Laurentii a Bibra episcopi herbipolensis — von den dreien oben S. 159 in Note 3 aufgeführten der letzte — verstanden ist, bilden einen Theil der von Fol. 174—198 reichenden Abschrift der Seiten 1—30 der herrlichen gleichfalls im wirzburger Archive aufbewahrten sogenannten ebracher Handschrift des Michael vom Löwen, worüber Dr. Ruland im Archive des historischen Vereines für Unterfranken und Aschaffenburg XIII S.111—210 zu vergleichen, durch Rand- und andere Bemerkungen des Lorenz Fries illustrirt. Die hier in Betracht kommenden Stellen sind a. a. O. XIII S. 133—135 und 156 abgedruckt.

Hiebei soll man auch mercken, das die pfarleute zu Haidenneld kainem ertzpriester verwant sein, sunder ist der probst daselbst ir ertzpriester, pront eod. libr. fol. 176. vnd hat bischof Einbrich [1]) dieselben also gefreiet. capitularis [2]) fol. 243' et 244.

Wieuil aber pfarhen dorfere weilere vnd hofe in ain iedes archidiaconat gehoren, vnd wie ain iedes mit namen haisse, was ain iedes fur episcopalia, cathedratica, archidiaconalia vnd steure zu verlegung des jhärlichen sends vnd des gesanten officials zerung gebe, auch zu welcher zeit im jare die sende vnd egemelte landcapitele gehalten werden, hab ich an disem orte zu ertzelen von kurtze wegen vnterlassen, da man die bei dem fiscalatambt nach der lenge ordenlich vertzaichet findt.

Die zehen ertzpriestere hie zu Wirtzburg wonend oder derselben officiäle haben ir gericht vf dem bruderhof hie zu Wirtzburg in ainem sunderen dartzu geordenten gerichtshaus, consistorium causarum gehaissen, alwegen am dinstag donerstag vnd sambstag nach mittag gehalten.

Von der ertzpriestere officialen.

Vnd soll also ain ieder ertzpriester zu Wirtzburg wonend seinen sunderen official haben, der from geschickt erfaren vnd gelert sei, vt in statutis prouincialibus fol. 95'.

Die sollen anch järlich in jren geordenten districten visitiren vnd send halten, die lastere strafen vnd die tugende pflantzen. eod. libr. statutorum fol. 102. 126.

Wa aber iemand durch der ertzpriestere oder irer officiäle gegebene vrtaile beschwerdt wurt, der mage dauon an den obgemelten officialem curiae appelliren. eod. libr. 96 jnitio.

Alle vnd iede grauen, heren, vom adel, vnd ire dienere oder gesinde, frawen vnd man, im bistumb Wirtzburg vnd hertzogtumb zu Francken gesessen sein kainem archidiacon vnterworfen, sunder gehoren on mitel vnter ainen bischofe oder seinen officialen curiae. priuileg. 176.

Welche personen ferner vor der ertzpriestere gerichtszwang gefreiet sein, such in eod. libr. priuilegiorum fol. 175' vnd 176.

---

1) Ego Embricho — heisst es in der betreffenden Urkunde vom 5. Dezember 1141 — diuina fauente gracia uuirceburgensis episcopus, existimans in hoc saluti meae non modicum prouidere, si bonae uoluntati fidelium nostrorum circa utilitatem uirorum religiosorum facile annuerem, domni Otonis praepositi maioris ecclesiae desiderio circa locum Hedinuelt, qui sue et nostra opera religionis beati Augustini regulae professoribus deputatus est, benigne acquieui.

Ipse quidem pro commoditatibus fratrum ibi deo militantium parochiae Vuipueld, quae sui tunc iuris erat, partem quae trans Mogum est potestati praepositi praememorati mancipari petijt.

Ego itaque, petitioni ipsius acquiescens, plebem in uillis Hedinuelt, Hirspburde, Eillendorf, Gersohe, Leindohe, ab eo mihi resignatam, cum omni parochiali iusticia, decimis, oblationibus, sepulturis, baptismate, ecclesiae superiori in uilla Hedinuelt consilio priorum nostrorum subiectam esse constitui, ut matrem hanc habeant, et illo omnem parochialem et synodalem iusticiam persoluant, et ibi quae a parochiano sacerdote plebi debentur per ordinationem praefati praepositi lnueniant. Ipse parochianum presbyterum constituat, ipse synodalem iusticiam cum eis habeat.

2) Ueber ihn vergl. oben S. 189 Note 4.

Prophan, das ist weltliche, sachen mogen am gaistlichen gericht
gehandelt werden.

Am 24 tag nouembris des 1347 jars hat kunig Carl der 4 der gaistlickait im
gantzen bistumb Wirtzburg ain freihait geben, das si die laien in weltlichen sachen vor
dem gaistlichen gericht zu Wirtzburg furnemen vnd beclagen mögen. jn libr. priuileg.
fol. 162. das ist auch in statutis synodalibus [1]) sub titulo de foro compet. angeregt fol. 49'.
Ferner hat ietzgedachter kunig Carl der 4 die gemelten gaistlickait des stiffts
Wirtzburg gefreiet das si bei pene j' pfd. goldes von Irem orlenlichen gerichte an kain
auswendigs frembdes gerichte gefordert oder beclagt werden solle, vnd jnen derwegen
ain ieden bischof zu Maintz zu ainem conseruator geben, vf obgedachten jare vnd tag.
rubricata eodem libro priuilegiorum folijs 27 — 28 et 251 — 252'.

Solche angetzaigte
freihait Caroli 4"
ist confirmirt wor-
den durch
{ kaiser Fridrichen den 3 zu Gretz am sambstag nach Letare des
1468 jars. eod. libr. priuileg. fol. 25 — 26'.
kunig Maximilian zu Vlm am 18 maij des 1498 jars. eodem libr.
folijs 25 — 30'.
kaiser Carln den 5 als erwelten zu Prussel am ersten tag aprilis
anno 1522. darnach abermals durch ine als ainen gecrönten den
16 augusti in dem 1531 jare. eod. libr. folijs 373' — 375' et
386' — 387.

Es hat auch bischof Johanns (von Grunbach) der trit dis name[n]s am montag vor
mitfasten im 1456 jare ain offen schreiben allenthalben im stifft ausgehn lassen, ob
solcher gegebener freihait zu halten bei vermeidung der obgemelten pene. rubricata J
Rudolfi fol. 298.

Ordnung vnd reformation der gaistlichen gerichte.

Gaistlicher gerichte
ordnunge vnd re-
formation vffge-
richt durch bischof
{ Oten Wolfskelen. [2]) rubricata in libro priuilegiorum fol. 162'—164'.
Johannsen von Brun.[3]) rubricata hin vnd wider in statutis syno-
dalibus, sunderlich aber fol. 95.
Gotfriden von Limpurg. [4]) in statutis synodalibus folijs 37'. 93. 117.
Rudolfen. [5]) ibidem fol. 110.
Laurentium. [6]) ibidem in fine.

---

1) Vgl. oben S. 206 Note 1.
2) Wir haben sie nach dem Originale in Band XL der Monumenta boica S. 401 — 408 beziehungsweise 411 abdrucken lassen.
3) Vgl. Schneidt's Thesaurus juris franconici II S. 285 — 342.
4) Ebenda II S. 540 — 582.
5) Ebenda II S. 745 — 752.
6) Ein prächtiger Pergamentdruck dieser „Zusatzung vnd erleuterung auff vorige reformation
der geistlichen gericht zu Wurtzpurg durch weilnt die hochwirdigen fursten vnd herren
bischoue Johansen bischoue Gotfriden vnd bischoue Rudolffen loblicher gedechtnus aufgericht" vom Dienstage nach Elisabet des Jahres 1512 liegt im wirsburger Archive Kast.
16 Num. 168.

Bischof Conrat des geschlechts von Thungen hat am montag nach Albain des 1534 jars in alle ambte des stiffts ausgeschriben vnd beuolhen, dem gaistlichen gericht seinen gang vnuerhindert bleiben zu lassen. rubricata in diuers. form. primo Conradj fol. 248. 263.

Der gaistlichen gerichte personen freiung.

Aduocaten, procuratores, vnd andere personen zu dem gaistlichen gerichte gehorend, als notari, pedellen, et cetera, die hat bischof Ot Wolfskel fur sich vnd seine nachkomen gefreihet am 23 des jäners anno etc. 1340. rubricata in priuileg. fol. [1]) 321'—322'.

Chorgericht.

Welcher zu ainer oder mer personen in den vier stifften hie zu Wirtzburg belehet oder dienstpflichtig oder irem gesinde — nemlich im dom, zum Newenmunster, zu Haug, oder sant Burchart — zu uorderen oder zu clagen hat, der musse ine vor seinem dechant vnd capitel furnemen, da ime dan rechts verholfen werden solle. vnd haist dasselb gericht chorgericht.

General.

So dan iemant sich der vrtaile an den chorgerichten wider ine ergangen beschweren wort, der mag sich dauon fur das generalgericht berufen.

Vnd wurt dasselb generalgericht mit acht personen besetzt, deren ieder stiffte zu Wirtzburg zwo aus seinem capitel dartzu verordnet, welche dan in den furbrachten sachen entlich vnd on ferrer appellation sprechen vnd entschaiden mögen.

Kellergericht.

Sant Durckhart der ander hailig bischof zu Wirtzburg hat die haubtkirchen hie [2]) domum s. Saluatoris, das ist das haus des hailigen säligmachers, genennet. daher man

---

1) In der Handschrift steht anstatt unserer Zahl die nicht zutreffende 174.

Das Aktenstück selbst um welches es sich handelt ist die Institutio et priuilegiatio matricolae seu collegii advocatorum seu caussidicorum litteratorum juristarum ecclesiae, welche sich auch — irrthümlich dem Fürstbischofe Albert beigelegt — in der sogenannten obracher Handschrift des Magister Michael vom Löwen auf Blatt 10a findet, woraus sie Schneidt im Thesaurus juris franconici I S. 229—233 mitgetheilt hat, und welche wir aus dem herrlichen Copialbuche des Lupold von Bebenburg S. 471—474 in den Monum. boic. XL S. 301—304 haben abdrucken lassen.

Hieher können wir auch die Stelle aus der hohen Registratur I Fol. 106' ziehen: Consistoriales, die personen dem gaistlichen gericht zu Wirtzburg anhengig, als aduocati, procuratores, vnd pedellen, sind der burgerlichen beschwerden gefreiet. j dinersarum form. Conradi fol. 94'.

2) In seiner Abhandlung über das Herzogthum Franken und das kaiserliche Landgericht desselben bemerkt Lorenz Fries S. 5 unter der Ueberschrift „Wie die haubtkirch zu Wirtzburg gebawet vnd zw dem hailigen Saluator genenet ist worden" folgendes:

Derselben zeit — nämlich unter König Pipin — ware die andacht vnd der gotsdienst bey den newglaubigen Francken gar gross vnd hitzig, vnd gaben die landherren auch anders vom adel vnd der gemain man gar vil guts an das newe bistumb.

Dauon bawet man ain schones gross munster oder kirchen, vnd daneben ain closter darein vil von den herren vnd dem adel kamen, got dem almechtigen zudienen.

auch die chorheren darin dominos de domo gehaissen, das ist dom- oder hausheren, derwegen man si domheren vnd nit thumbheren nennen solle.

Dieselben domheren haben von alterhere alwegen vnd bis vf dise stunde ire sundere amptleute vnd dienere gehabt, die si zu notturfftiger ausrichtung irer haushaltung vnd gescheffte zu seinen zeiten gebraucht, vnd inen fur ire muhe arbait vnd dienste sundere ligende guetere zugeaiget, vnd sunst etliche gefelle vnd nutzung gegeben, auch dieselben in latein attinentes domui, vff deutsch hausgenossen, genennet, wie die dann mit namen hernach vertzaichet stehn:

ain kuchenmaister,	ain oberpfistermaister,
zwen kochmaister,	trei vnterpfistermaister,
ain koch,	ain bechermaister,
ain vnterkoch,	ain senfmaister,
ain kellermaister,	zwen schusselmaister,
ain oberberckmaister,	ain schmidmaister,
ain vnterberckmaister,	ain forstmaister.
ain hausmigen,	

Obbenante hausgenossen haben ain sunder gericht, das kellergericht genant. daran gehoren si alle dergestalt.

Wa ainer aus inen den anderen furforderen vnd beclagen will, das musse er an gemeltem gericht thun, vnd sunst nindert anders.

Desgleichen wa ain ander burger oder fremder si vmb sachen ire persone ambte vnd ambtsguetere berurend anforderen will, der musse es auch an disem gericht thun.

Vnd werde dieselb kirch zu vnserm hailand vnd seligmacher dem herrn Christo vnd jn latein domus s. Salvatoris gehaissen, von welchem wortlin „domus" nit allain die kirch sunder auch die edlen personen daruf iren namen bis vf disen tag behalten haben, vnd die kirch dom, aber die persone domheren, das ist vom haus, vnd hausherren genent werden.

Es sind aber datzumal vnd lange zeit hernach nit weltliche wie itzund sonder gaistliche domherren daruf gewest. die fursten vater der regel s. Benedicten ein gemain closterlich leben, hetten nichts aigens, entschlugen sich aller anderer answendigen gescheffte, vnd hingen allain irem singen lesen betten vnd anderer andacht an.

Was aber die täglich haushaltung, verwaltung der leute vnd guttere, vnd andere berurte, das richteten si durch layenbruder aus, deren ieder sein sonder ambt hette.

Vnd wiewol sich der stand mit jnen den domherren vber etliche vil jare hernach verendert, vnd inen die closterlich claidung abgenomen, so sein doch die berurten ämpter bliben bis vf disen tag, vnd werden die jhenigen so die ämpter tragen von dem obbestimbten wortlin „domus" oder „haus" noch heut zu tag in iren buechern vnd briefen zu latein attinentes domui vnd zu teutsch hausgenossen genennet, deren ieder ir aigen ampt vnd dartzu ain sonder gericht haben, danon an ainem andern ort weiter.

Was die Stelle anlangt: von welchem wortlin „domus" u. s. w. bis hausherren genent werden, hatte er ursprünglich so geschrieben: danon si des wortlin halber „domus" noch heutige tags zum dom, vnd die gaistlichen vom adel daruf domherren genent werden, das ist vom haus, vnd hausherren.

Aber sunst in anderen sachen gehoren si fur das ordenlich gericht.
Vnd ist der richter an disem gerichte alwegen ain capiteldomber, den neunet man kellerrichter.

Jn desselben behausung wurt auch das gericht gehalten.

Vnd ist dis gericht von etlichen bischofen ehrlichen gefreiet, wie dan solchs jn irer ordnunge vnd reformation mit anderem nach der lenge angetzaigt wurt.

Von den vrtailen dis gerichts appellirt der sich beschwerdt zu sein vermainet an vnd fur das chorgericht des domstiffts.

Weltliche gerichte.
Vnd erstlich in der stat zu Wirtzburg.
Landgericht.

Das landgericht des hertzogthumbs zu Francken richt vber raub, plackerey, vergwaltigung, mortbrand, erbschafft, tailung, testament, letzte willen, geschefte, vbergab, vermechtnus, vormundschafft, heirat, ehebetaiding, heiratgut, morgengabe, ainkindschafft, voraus, vertzig, schmahsachen, vnd dergleichen.

An dis landgericht gehören alle vnd iede leute die in dem bistumb Wirtzburg vnd desselben hertzogthumb wonen, auch die grauen selbs vnd des hailigen reichs stete vnd dienstleute, niemant ausgenomen dan die burgilden [1]) allain vnter den grauen gesessen.

Das egenant landgericht wurt gehalten vf der furstlichen cantzlei in ainer sunderen dartzu geordenten vnd beruiten stuben.

Vnd sind vor alten jaren in treffenlichen sachen die bischofe selbs als richtere daran gesessen, vnd die vrtailsprechere aus den landheren, grauen, freien, oder zum wenigsten den riteren des stiffts vnd hertzogtumbs adel gewesen, aber etlich vil jarhere ist das vorgedacht landgericht durch zulasung ainer kuniglichen freihait mit siben redlichen verstendigen personen aus des lands adl besetzt, vnd inen alwegen ain capiteldomber zu richter zugeordet worden.

Nachdem ich aber von dem hertzogtumb zu Francken vnd ietzberurtem seinem landgericht, auch derselben grenitzen, freihaiten, gewonhaiten vnd gebrauchen ain sunder buch zu machen vorhab[2]), darin man sich was ferner dauon zu wissen von nöten wol erkunden mag, lass ich es an disem orts dabei beruben.[3])

Von dem landrechten vnd bruckengericht zu Wirtzburg.

Gleich aus den kayserlichen vnd kuniglichen freihaiten, daher das obgemelt landge-

---

1) Vgl. oben S. 166 unter Ziffer 9.
  In der hohen Registratur I. Fol. 40' ist bemerkt: Burgildi, id est parochi, zu teutsch widemleut, pfargilden, die den pfarhen gulten verwant vnd gewidemt sein, in libro priuilegiorum fol. 217. 226'. 232'. 251'. dauon noch weiter in meiner chronieken von den bischouen.

2). Zuerst hatte er geschrieben: buch gemacht.

3) Hiezu ist von späterer Hand beigeschrieben: Ligt ja der Registratur truhen vneingebunden.

richt im hertzogtumb zu Francken sein crafft vnd bestand hat, dauon nimbt auch das bruckengericht zu Wirtzburg sein vermögen vnd wirkung. vnd hat vier vnterschiedliche namen.

Erstlich nennet man es das landrecht zu vnterschiede des landgerichts, darumb das sein zwang sich durch das gantz land — das ist den stifft Wirtzburg vnd hertzogtumb zu Francken — strecket.

Bruckengericht.

Zum anderen haisset man es das bruckengericht von der behausung darin es gehalten wurt, welchs haus nechst am ende der Main brucken hie zu Wirtzburg ligt.

Die bruckengerichts reformation [1]) stet registrirt j diuersarum formarum Thungen folio 143'—147 vnd 148—151'.

Oberste zent.

Zum triten haisset man es die obersten zente von des wegen das von allen anderen des stifftes Wirtzburg zenten in zentbarlichen sachen die burgerlich furgenomen werden an dis bruckengericht appellirt wurt.

Wa auch iemant im gantzen bistumb von weltlichen richteren das recht versagt abgeschlagen oder vertzogen wurt, oder ainer den ladungen vrtailen vnd geboten vor den auswendigen des stiffts zenten vngehorsam were, in solchen fellen hat die oberst zent auch zu richten.

Der richter an disem gericht ist ain schultais zu Wirtzburg, die vrtailsprechere sein neun redliche geschickte vnd verstendige burgere der stat Wirtzburg. vnd richten vmb schuld zins gult [2]) vnd andere felle fur si gehorend allenthalben vber des stiffts vnterthanen.

Aber in peinlichen sachen werden inen noch funff schopfen zugesetzt, nemlich zwen von Celle aus der Gassen, zwen von Butelbrun, vnd ainer von Huchbur. [3])

---

1) Dieser Absatz ist von der Hand Schnetzler's von Sulzfeld an das Ende des vorigen Abschnittes beigesetzt worden.
   Ausser dem Liber I diversarum formarum Conradi fol. 143'—147 und 149—151' findet sie sich auch im Liber II contractuum Rudolfi Fol. 309'—371' mit einer Abweichung im Eingange, indem dieser hier anders lautet, wie sie auch die Eide der Schöffen und Knechte des Brückengerichtes nicht hat.
   Mit der zuerst berührten Fassung stimmt ferner bis auf eine kleine Abweichung das Exemplar in den Akten aus der Neubaukirche G Fasc. 2, in welchem sich auch noch eine „Regell der gerichtsgefelle" am Brückengerichte mit Aenderungen findet welche daran in vigilia Burchardi den 12 Oktober 1541 eingetreten sind.
   Vgl. noch Schneidt's Thesaurus juris franconici II S. 987—1000, woselbst indessen unsere Brückengerichtsordnung in die Jahre 1577—1582 verlegt ist.

2) Nach diesem Worte findet sich ein Verweisungszeichen das auf das Wort „schmah" am Rande deutet, das indessen — wie es den Anschein hat — gleich unmittelbar nach dem Schreiben wieder getilgt wurde.

3) Von späterer Hand ist hier noch beigesetzt:
   Anno 1627 seint noch zween frömbden schöpffen zu den fünff gesetzt worden, das also jhrer sieben seint, ainer nemblich von Randersacker, vnnd ainer von Gerbronn.

Stat- oder salgericht.

Vnd eben die gedachten richter vnd neun schöpfen haben in burgerlichen sachen vmb schuld vnd schmahe vber alle burgere der stat vnd vorstete zu Wirtzburg zu richten vf dem bischoflichen sale, darumb man es dan das stat- oder salgericht nennet.

Vnd wurt in der wochen trei tag gehalten, nemlich am dinstag donerstag vnd freitag, auch kainem burger zu Wirtzburg oder anderem stiftsuerwanten gestatet, von den daran ergangen vrtailen zu appelliren.

Doch ist es pfleglich herkomen vnd geubt worden das die schopfen daran in treffenlichen zweifenlichen sachen vor gebung der vrtail in der furstlichen cantzlei bei den räthen vnterricht vnd weisung suchen biten vnd nemen.[1]

Von disem allem wurt[2]) in dem grossen zentbuch vnter dem wort „Wirtzburg" ain volkomene antzaigung vnd bericht gethan, da man es dan suchen mag vnd finden wurt.

Statgerichtsordnung, durch bischof Conraden von Bibra vfgericht, in 2^{tae} diuers. form. Conradj fol. 136 — 144' — 145' — 146.[3]

Cantzlei gerichte.

An der cantzlei gerichte sein richter vnd vrtailere die furstlichen räthe, gaistliche vnd weltliche.

Die richten in veranlassten vnd allen anderen sachen die appellationweis von dem landgericht vnd anderen des stiffts stat- oder dorfgerichten dahin komen vnd mer dan x fl. antreffen.[4]

---

1) Ursprünglich stand: weisung gesucht gebeten vnd genomen haben.
2) Anstatt „wurt" war anfänglich geschrieben: hab ich.
3) Indem nämlich Fol. 144'—145'—146 Erklärungen zu ihr enthalten.
Das Exemplar in den Akten aus der Neubaukirche G Fasc. 2 hat nach dem gewöhnlichen Schlussartikel noch den Abschied der Juden halb vom Freitage nach Laetare des Jahres 1530, worauf die Erklärung wie im Liber II diversarum formarum Conradi Fol. 144'—145' und die Erwähnung dessen was Schultheiss und Gerichtsschöffen für Nutz und Förderung der Armen und des Rechtens am besten bedacht haben wie dortselbst bis Fol. 146 folgt, und eine Ordnung der Gerichtsschöffen über die welche das Gericht versäumen schliesst.
Ein Exemplar aus guter Zeit des sechzehnten Jahrhunderts ist endlich dem Liber primus copiarum der Abtei sanct Stephan zu Wirzburg vorgebunden, welches zur Fassung des Textes im Liber II diversarum formarum Conradi Fol. 136—144' stimmt, mit Ausnahme dass es im Eingange anstatt des Freitages nach Erhart des Jahres 1526 das Jahr 1525 wie auch am Schlusse gibt und die nähere Datirung leer gelassen hat, während am Schlusse nach den Worten „verleumett vnd befleckett" noch der fürstbischöfliche Endvorbehalt folgt, diese Stadtgerichtsordnung zu mehren, zu mindern, zu ändern, gar oder zum Theil abzuthun.
4) Ursprünglich hiess es: statgerichten dahin komen. Dieses wurde dann geändert in: stat- oder dorfgerichten in sachen die mer dan x fl. antreffen dahin komen. Schliesslich wurde die Fassung des Textes beliebt.
Aus J Fol. 25 kann hieher aus dem Jahre 1529 bezogen werden:
Als bischof Conrad von Thungen ain mandat im stifft ausgehn hat lassen, von gerichtlichen sachen die nit vber x fl. antreffen mit hieher gein Wirtzburg zu appelliren. In J. divers. formarum ejusdem fol. 177'—178.

Wie es mit belonung der woi tredere oder procuratoren, gerichtschreibere, vnd der supplicationschreibere die den jenigen dienen die vor der cantzlei [1]) zu thun haben ge-

[1]) Wir können hier auch aus II Fol. 336' und 337 unter dem Worte „Supplication" folgendes mittheilen:

Anno 1520 donerstag nach pfingsten hat bischof Conrad von Thungen ein offen mandat an alle ambtleut stat merckt dorffer etc. ausgehen lassen das hinfuro kein supplicationen in der cantzlej angenomen, sonder ein iede auch sol vor irem richter an des stifts gerichten dahin sie gehort oder vor irem ambtman schulthais vogt oder keller gesucht vnd gehandelt werden. es were dan das einer vber sein ambtman vogt keller oder schultheissen clagen wolt etc. dem selben sol verhor vnd billiche hilf uit abgeschlagen werden: oder so einem ambtman von fremden personen sachen begegnen, mit bericht der sachen fur die cantzlei weisen. rubricata j. diuersarum formarum Thungen fol. 7'.

Gleicher gestalt abermals ein mandat vnd erjnnerung am montag nach Burghardj anno 1522. rubricata libro eod. fol. 15 vnd 15'.

Volgends anno 1535 hat bischof Conrad von Thungen abermals ein mandat allein an die vnterthane lassen ausgehen. ob irmand ichts zu handlen hette, das solt er seinen furgesetzten amblenten furbringen. es were dan das einer wider sein ambtman keller vogt schulthaissen amtgrafen oder andere dinere clagen wolt. mag er in die cantzlej supplicirn etc. actum samhstag nach Margarethe. rubricata eodem libro fol. 237'.

Gleicher weis hat bischof Conrad von Bibra anno 1543 montag nach nativitatis Marie ein mandat lassen ausgeben rubricata 2de diuersarum Conradj fol. 70.

Jdem bei bischof Melchior anno 1546 diustag nach cathedra Petri. rubricata 2de diuersarum formarum [Conradj] fol. 199' – 200.

Auch das was Lorens Fries in II Fol. 9' beziehungsweise 884' unter dem Schlagworte „Landschaft (vnd Landsordnung)" bemerkt mag hier noch eine Stelle finden:

Wie sich des stifts Wirtzburg landschafft, auch die stat Wirtzburg nach der gestillten baurischen entkörung gegen bischof Conraden von Thungen vnd seinen nachkomen bekennen vnd verschreiben müssen. rubricata in j contractuum Conradj fol. 114 – 116.

Solche verschreibung ist inen des volgenden 1528 jars wider zugestellt, vnd haben si dargegen ain anders vbergeben. eod. libro fol. 116.

Daruf hat gemelter bischof Conrad ain newe landorduung vfgericht, vnd die zu Wirtzburg, auch allenthalben vf dem land verkunden lassen. eod. libr. fol. 150' – 156.

Wie sich die jenen den aus den wirtzburgischen ambten vnd steten hinweg zu ziehen erlaubt wart verpflichten vnd verschreiben müssen. diuers. formarum Conradj primo fol. 190' bis 191.

Bischof Conrat von Thungen hat anno 1520 donerstag nach pfingsten ain gemain gebot allenthalben im stifte ausgehn lassen, das in sachen so fur das ordenlich gericht geborig oder von den furgesetzten ampleuten vogten kelleren vnd schultaissen nach billichkeit am basten vortragen werden mögen niemant in die cantzlei suppliciren solle. diuers. form. Conradj primo fol. 7'.

Dis gebot ist am montag nach Burchardj des 1522 jars wider vernewt worden. eod. libr. fol. 15 vnd 15'.

Abermals renouirt sambstags nach Margarethe anno 1535. rubricata eod. libr. fol. 237'.

Bischof Conrad von Bibra hat dis gebot auch vernewet montag nach nativitatis Marie 1543. rubricata 2 diuers. formarum Conradj fol. 70.

Bischof Melchior Zobl hat solch gebot dergleichen renouirt am dinstag nach cathedra Petri anno 1546. rubricata 2 diuers. formarum Conradj fol. 199' – 200

halten werden solle, hat bischof Lorentz ain sunder ordnung gemacht vnd vfgericht. die ist registrirt in diuers. form. Laurentij fol. 77' — 78'.

Hofgericht.

Dis gericht wurt auch in der furstlichen cantzlei in ainer sunderen darzu verordenten stuben gehalten.

Vnd ist der hofmaister, oder in seinem abwesen der vorderst vater den weltlichen edlen räthen richter daran. die beisitzere oder vrtailsprechere werden genomen aus des stiffts riterschafft die nit ampfleut oder diener vnd doch vom stifft belehet sein.

An solch gericht werden gefordert vnd beclagt die von der riterschafft in lehen vnd anderen sachen.

Vnd von disem gericht appellirt man an das kaiserlich chamergericht.

Im jare des heren 1447 ist her Jobst von Veningen compther zu Mergethaim bischof Gotfriden von Limpurg rath vnd hofrichter gewest. vnd hat man derselben zeit die fursprechen aus dem ringe, das ist den beisitzeren des gerichts, genomen. rubricata [1]) in primo diuers. formarum Conradj fol. 57 vnd 57'.

Lehengericht.

Die edlen lehenleute suchen das recht in lehen sachen vor dem egemelten hofgericht, wie dan gesagt ist.

Aber in den sachen vnd fellen der burgere oder bauren lehen berurend ist ain sunder gericht, das auch in der cantzlei gehalten wirt. daran gibt der lehenher vnd landsfurst ainen aus seinen weltlichen edlen räthen zu richtere. aber die beisitzere oder vrtailsprechere solchen gerichts werden aus den belehenten burgeren zu Wirtzburg genomen.

Von disem gericht wurt auch an das kaiserlich camergericht appellirt.

Gericht des gnadenuertrags.

Noch ist ain gericht vorhanden, fur des stiffts riterschafft gemacht.

Das haist das gericht des gnadenuertrags, vnd kompt daher: bischof Johanns der trit des namens, aus dem geschlecht von Grunbach geboren, gabe in dem jare des heren 1461 am sambstag nach Galli seinen vnd seines stiffts angehorigen grauen heren vnd ritterschafft vf ir vnderthenig ansuchen vnd bite ain imerwerend freihait- vnd gnadenbrief, [2]) in welchem vnter anderem versehen vnd geordet ist: wa ain bischof zu Wirtzburg gegen ainem oder mehr grauen heren oder edelmann, oder derselben ainer oder mer hinwider zu ime dem bischofe zu sprechen heten oder gewunnen, das solte vor des itzgemelten bischofs weltlichen edlen räthen mit recht ausgetragen vnd entschieden, vnd kain partei daruber ferner getrungen werden. desgleichen: wa dechant vnd capitel des domstiffts oder andere des bistumbs prelaten vnd gaistlickait ichts wider die gedachten grauen heren vnd edelleut, oder hinwider si an die genanten gaistlickait zu sprechen

---

1) Hofgerichtsurkunde vom Jahre 1448.
2) Schneidt hat ihn — irrthämlich als den sogenannten runden Vertrag — in seinem Thesaurus juris franconici II S. 728 — 734 abdrucken lassen.

heten oder gewunnen, gaistliche felle vnd sachen ausgenomen, das si ain ander derwegen
vor dem bischofe oder seinen räthen, gaistlichen vnd weltlichen, zu rechtlichem austrag
komen. doch, were der beclagt gaistlich, solte als dan ainer gaistlichen persone mer
dan der weltlichen; were aber der beclagt weltlich, der weltlichen personen aine mer
dan der gaistlichen zu richter nidergesetzt, vnd ain ieder bei demselben rechtlichen
austrag gelassen werden. rubricata in primo contractuum Rudolfi fol. 354' — 356.

Der stat geschworen gericht.

Als sich zwischen den burgern hie zu Wirtzburg in dem bawen offtmals jrrung
vnd zwitrachte zutragen, also das sich ainer von dem andern beschwerdt vnd beclagt,
werden alwegen aus zimerlenten stainmitzen vnd meurern vier erliche geschickte vnd
verstendige personen datzu verordnet vnd mit sunderen aiden verpflichtet, die stritigen
burgere solcher irer zwaiung vnd irrung in bewen vnbawen vnd vberbawen nach gleichem
billickait vnd der stat herkomen entlich zu entschaiden.

Vnd was diselben nach verhorter clag antwort kuntschafft vrkunt vnd anderen
furbringens vf ansetzung der parteien machen vnd entschaiden, des musse sich iedertail
setigen lassen.

Welche partei auch ires spruchs brieflich vrkunt begeret, dem geben si die vnter
der stat Wirtzburg jnsigil.

Vnd haist man dise vier schopfen die statgeschworen.

Bischof Lorentz des geschlechts von Bibra hat der ausladung vberschusse vnd vnbewe
halben ain sonder gebot ausgehn lassen am sambstag nach ascensionis domini anno etc.
1504. rubricata in divers. form. Laurentij fol. 66' und 67. [1])

Montags gericht.

Ans den gemainen häckeren der stadt Wirtzburg werden alwegen funf verstendige
vnuerleumbde persone verordet, welche die clagende parteien so sich der entpfangen
schäden an iren veldgneteren, gärten, äckeren, wisen, weingarten, vnd dergleichen mit
ain ander irren der stat gebrauch vnd herkomen nach mit rechtlichem entlichen spruch
entschieden, die guetere messen, tailen, verrainen vnd verstainen.

Dasselbe gericht ist vor jaren alwegen vf ainen sontag, daran es die richtere vnd
parteien irer arbait halben am bequemisten gewarten mögen, gehalten, vnd darumb das
sontag gericht genant worden. aber itzund helt man es vf den montag, dauon es auch
den newen namen montagsgericht [2]) bekomen hat, vnd sunst gewonlich der veldgeschworen
gericht genennet wurt.

---

1) Auf Fol. 42 haisst es unter dem Worte „Bäwe" anstatt der hier falschlich stehenden Zählung
„fol. 76 d" richtig: in divers. formarum (Laurentij) fol. 66.
2) Unter Beziehung auf gegenwärtigen Artikel lesen wir unten II Fol. 98 unter dem Schlagworte „Montags gericht" ganz kurz:
Ain gericht zu Wirtzburg, das alwegen vf die ledigen montag gehalten, vnd werden
die veldschäden daran gerechtfertigt. von disem gericht ist hieoben im buchstaben G bei

Sein ordenliche stat ist vf dem bischoflichen sale an der cantzlei.
Vnd sitzt der hof- oder vnterschultais als ain richter bei den gemelten funff schopfen.

Oberrath.

Der heren vnd personen im oberen furstlichen rathe sein 15, nemlich 4 des capitels im dom, ainer des capitels zum Newenmunster, ainer des capitels zu Haug, ainer des capitels zu s. Burcharten, vnd der oberschultais hie zu Wirtzburg. die ziehen zu inen noch siben persone, nemlich 3 aus dem vntern rathe hie zu Wirtzburg, ain metzler, ain becken, ain becker, vnd ain gemainsman. denen ist beuolhen von wegen vnd im namen der oberhand die policei vnd gemainen nutz der stat Wirtzburg vnd irer jnwonere zum besten zubedencken zuerseben vnd zufurderen nach ordnung vnd satzung die in irem buch geschriben stebt.

Si haben auch herbracht geubt vnd gebraucht, die inwonere hie zu Wirtzburg, gaistliche vnd weltliche, in schmahsachen nach sumarier verhöre vnd der parteien ansetzung entlich zuentschaiden zuuertragen vnd zu strafen.

Vmb das jare des heren 1541 namen Hanns Helmut vnd Kilian Morder, bede burgere zu Wirtzburg, ainen audern burger daselbst Casparn Soler genant etlicher schmahworthulben an dem obangeregten statgericht mit recht fur. vnd wiewol die gemelten heren des obernraths die sachen daselbst ab vnd fur sich erfordert, so baten doch die clägere bischof Conraten von Bibra, er wolte verschaffen das si am statgericht gelassen wurden. darauf erkundigt sich bischof Courat, wie es in solchen fellen vorbin gehalten, vnd fande das etwanil schmahe sachen an dem genanten statgericht gerechtuertigt waren worden darumb er den heren des obern raths den beschaide geben liesse das alle schmah sachen for den obern rath gehoren vnd mit recht daselbst ausgetragen werden solten, es wolte dan der clager das recht lieber am statgericht suchen, daran er alsdan gelasen werden solte. diser beschaide gefiele aber den heren des obern raths gar nit, sundern baten sie sich bei irem herkomen vnd freihaiten bleiben zu lasen. vnter solchem kamen bede obgemelte parteien der sachen zu entlichen spruch vf bischof Conraten obgenant. der entschiedet si vf dinstag [1]) nach Jubilate des 1544 jars. rubricata in diuers. form. Conradj 2^{ti} fol. 91' und 92.

Wie der oberrath ain zeitlang nit gehalten, aber wider vfgericht worden ist.

Als in dem jare des heren 1525 von wegen der vnseligen bäurischen entborung alle gerichte obrickait vnd zwang in der stat Wirtzburg nidergelegt vnd abgethan waren, kamen die heren des domcapitels nach stillung solcher vfrur zu bischof Cunraten von Thungen, vnd baten ine das er den obern rath wie andere gerichte dem gemainen

---

dem wort „gericht" auch gesagt. bischof Conrat von Thungen hat disem gericht ain sundere mas vnd ordnung geben. die stet registrirt jn j diuersarum formarum Conradj fol. 152—155.
Die Aufnahme und Eide der Montagsgerichts- (und der Bröckengerichts-) schöffen finden sich im Liber I diversarum formarum Laurentii Fol. 119 und 118'.

1) In der betreffenden Urkunde ist der Donnerstag angemerkt.

nutz zu gut auch wider vfrichten vnd halten lassen wolte. das bewilligt bischof Conrat, doch mit ainem gedinge, nemlich das vmb schleuniger vmbfrag vnd der sachen furderung willen nit mer souil personen wie vorhin, sunder allain neun personen im obern rathe sitzen. vnd der schultais an des fursten stat die vmbfrag haben, auch die merer stime schliessen sollte: ferner das man jm obern rath ain ordnung oder reformation vfrichten vnd halten solte das daselbst nichts furgenomen geboten vnd gehandelt wurde dan das gleich billich vnd recht were, auch im falle der notturfft fuglich vnd wol verantwort werden mögte. aber die heren des capitels wolten die alten zale nit mindern lassen. auch die vmbfrag dem schultaissen kaines wegs gestaten, deshalben dan der oberrath bei seinem bischof Conraden leben vnufsgericht blibe.

Nach seinem dot verglichen sich die heren vom capitel vor der wale mit ain ander, das ain kunfftig her den oberen rath wider virichten vnd aller gestalt wie vor dem baurenkrieg beschehen halten lassen solte.

Das thete auch der new erwelt bischof Conrat des geschlechts von Bibra, doch mit dem anhang das die sätze vnd ordnungen des gemelten obern raths an den enden da es die gelegenhait vnd notturfft eruordern wurt reformirt vnd gebessert werden, vnd solchs zu volfuren sein furstlich gnaden trei[1]) räthe vnd die vom domcapitel aus inen auch trei dartzu geben solten, wie dan der furst Hainrichen Truchsessen hofmaister, Carln Zoller, vnd Lorentzen Friesen, vnd das domcapitel horn Hainrichen von Wirtzburg, hern Georgen von Maspach, vnd heren Reicharten von der Kere dartzu verordneten. die kamen zusamen vnd verlasen etliche setze, aber liessen bult wider dauon, also das in diser sachen nichts fruchtbars gehandelt.[2])

---

1) Ursprünglich stand: zwen.
2) Anfangs stand: gehandelt worden

In II Fol. 195 beziehungsweise nach der von 1 herüber fortlaufenden Durchzählung Fol. 518 begegnet uns unter „Oberrathe" folgende kurze Aufzeichnung:

Von alter sein 13 person in obern rath verordnet, nemlich vier person aus dem capittel des domstifts, einer vom stift Haug, einer vom stift Nowenmonster, drei person aus dem vaternrath, ein becker, ein metzler, ein beck, vnd der oberschulthais.

Hat bischof Lorentz mit bewilligung seines domcapittels zur furderung gemeinen nutz noch zwo person zugeordnet, nemlichen einen aus dem capittel zu sant Burghart vnd einen gemainen burgersman der nit im vatern rath ist in der stat Wirtzburg wonend. vnd sol der eltist im capittel zu sant Burghart ansehen, vnd je einer nach dem andern ein jar sitzen. vnd ein vnter rath sol macht haben den gemeinen burgersman zu welen, doch das er nit aus der dreier handwerk einer sei. actum dinstag nach Martinj anno 1499. rubricata j contractuum Laurentij fol. 134'.

Vnd im 1525, als bischof Conrad von Thungen die landschaft widerumb gestraft vnd in huldung angenomen hette, lies er kainen ober rathe mer halten, sonder behielt das regiment der policey selbsten, vnd lies das durch seine furgesetzte oberschulthaissen versehen vnd hart darob halten.

Do er aber mit tod abgieng, vnd bischof Conrad von Bibra erwelt ward, hat er ein gemein offen schreiben an die stat vnd voralst Wirtzburg lassen ausgeben vnd verkunden,

Wie die richtere zu voltziehung der vrtail vor inen ergangen ain ander vmb hilf ansuchen.

Wan der gaistlich richter in sachen vnd handlungen vor ime schwebend das jenig so ime von ambts vnd rechts wegen zuthun geburet volbracht, aber doch den vberwunden vnd geurtailten nit zu gehorsame bringen mag, [mag] er zu voltziebung der gesprochen vrtail den weltlichen gewalt vmb hilf ansuchen. das haist dan den weltlichen arme anruffen, inuocare brachium seculare. des findest du ain forme in primo libr. diuers. form. Conradj fol. 36 vnd 36'.

Hinwider wa iemant am weltlichen gerichte verlustig worden vnd sich aus desselben richters jurisdiction an andere orte gethan hete, derwegen dem richter zu procediren vnd die sachen zu geburendem ende zu fueren benomen, mag derselb vmb voltziehung des rechten bei dem gaistlichen richter vmb hilf ansuchen. des ist ain forma in j libr. contractuum Rudolfi fol. 336.

Von siben[1] gerichten so vor alter zu Wirtzburg gehalten worden, aber wider abgangen vnd erloschen sein.

Vor alten jaren sein noch sihen[1] gericht mer in der stat vnd vorsteten zu Wirtzburg gehalten worden, aber mit der zeit abgangen vnd erloschen, nemlich das kampfrecht, das gericht zu Blaichbach vber etliche guetere, das hofschultaisengericht zu Blaichach, das gericht zu Haug, das steffaner gericht zu Sande, das gerichte vf dem airmarckte, vnd das juden gerichte.

Kampfrecht.

Von dem kampfrechten vnd seiner ordnung, auch wa vnd wie das gehalten worden ist, will ich nach der lenge antzaigung thun[2] jn dem buch vber das hertzogtumb zu Francken vnd desselben landgericht gemacht.[3]

[Hofschultaisengericht zu Blaichbach.]

Gernot Hofschultais hat vmb das jare des herrn 1303 zu lehen entpfangen von bischof Andresen von Gundelfingen den Lewenhof, ii ½° morgen artäckere, iij morgen weingarten am vorderen Newenberg, das gericht zu Bleicbach vber die fla[is]chhawer löber vnd gertner.[4] in antiquo feodorum fol. 99.

---

das er den obern rathe widerumb aufgericht, vnd in der wuchen am montag mitwochen vnd freitag oberrathe gehalten werden solle. actum samlstag nach Vrsule anno 1540. rubricata 2 contractuum Conradi fol. 46.

Was die alten ordnung vnd gebrauch sein, ist in einem sondern buch in weissem leder eingebunden — es mag hiezu oben S. 150 mit der Note 2 verglichen werden — in der cantzlei vorhanden.

1) Anfangs stand: sechs.
2) Ursprünglich lautete dieser Satz: hab ich nach der lenge antzaigung gethan.
3) Hiezu ist von späterer Hand beigesetzt: Jst auch ein klain buechlein jn gel pergamentt. Ligt bei den Büchern — hier ist das ursprüngliche „Gerichtes ordnung vnnd Rechten" durchstrichen — Kampfrecht genannt.
4) Judicium in Blaichach — heisst es im bemerkten Lehenbuche — carnificum cordonum et ortolanorum.

Diser Gernot Hofschultais riter, vom Lewenhof genant, wurt vnter den edelleuten gezelt im jare des heren 1346 bei zeiten bischof Albrechten von Hohenlohe rubricata emptionum [1]) fol. 47. [2])

Markart Zull hat das hofschultaissenambt entpfangen von bischof Albrechten von Hohenlohe. [3]) rubricata in feodorum Alberti fol. 21' sp. 2. [4])

Volgends [5]) hat Conrat Zingel solch hofschultaissen ambt von itzgenantem Markarten Zullen erkaufft, vnd daselbig von gedachtem bischof Albrechten entpfangen: wurt das hofschultaisen ambt zu Blaichach vnter dem Baume genant. darein gehören 24 schilling pfening zins weniger 3 pfening, vnd 52 fastnachthuner vf etlichen heuseren vnd gärten zu Blaichach. vnd hat das gericht vber die leute in den gemelten heuseren gesessen vnd auch andere die den zins itzund den heren zum Newenmunster geben zu Blaichach vnter dem gemelten Baumen [6]) hinter dem oberen eckhaus am juden kirchof gelegen am bach, am tag natiuitatis Marie. vide feodorum Alberti fol. 52' sp. 1. [7])

Cuntz Vbelein hat das hofschultaissen ambt entpfangen von bischof Johannsen von Brun sabbatho post omnium sanctorum des 1436 jars. [8]) jn 2do feodorum Brun fol. 67 d. [9])

Jdem Cuntz Vbelein hat solch hofschultaissenambt entpfangen von bischof Gotfriden von Limpurg, freitag nach assumptionis Marie anno 1443. rubricata in feodorum Limpurg fol. 134. [10])

Das hofschultaissen ambt ist furter Wilhelmen Forster verlihen, vnd so derselb

---

1) Ueber ihn lesen wir in Schätzlers bekanntem alphabetischen Verzeichnisse: Bischof Rudoli hat die alten kaufbriefe des stifts Wirtzburg sambt anderen mer briefen vnd schriften — etliche einigunge, lehenmachung, freihaiten, ofnung vnd dergleichen berurend — in ein sonder buch zusamen schreiben lassen, das man von den gemelten kaufbriefen, deren den ein meniu darin stehen, bis vf disen tag librum „emptionum" genennet hat.

2) Der alten Zählung. 61 der neuen.
Er erscheint daselbst — vgl übrigens hiezu oben S. 203 den Schlusssatz der Note 1 — als der letzte der Zeugen die Ritter sind: Gernot Hofschultheis, genant vam Lewenhof, ritter. Lorenz Fries hat hiebei an den Rand bemerkt: Hofschultais etwan vom adel.

3) Im Jahre 1347.

4) Und in der beglaubigten Abschrift vom Jahre 1505 Fol. 68'.

5) Im Jahre 1359, In vigilia natiuitatis beatae Mariae.

6) Die betreffende Stelle lautet im Originale: et habet judicium super homines in dictis domibus residentes necnon super alios homines ibidem qui dominis Nouimonasterij censum dant in Bleicha sub arbore memorato.

7) Durch die letzteren Zeilen geht am äusseren Rande ein Strich, so dass vielleicht von den Worten an „vnd auch andere" oder „die den zins" nicht mehr gelten soll. Doch mag hiezu der Schlusssatz verglichen werden.
In der beglaubigten Abschrift vom Jahre 1595 findet sich der betreffende Eintrag auf Fol. 165'.

8) Zu diesem Satze ist von späterer Hand am Rande beigeschrieben: Herrinsheim gehort Weitoltshausen.

9) In der beglaubigten Abschrift vom Jahre 1595 Fol. 147.

10) In der beglaubigten Abschrift vom Jahre 1595 Fol. 148.

absterben wart Hannsen Treutwein derwegen verwenung bescheben durch jetzgedachten bischof Gotfriden am pfingstabend den 1447 jars, das das ambt mit seinem gerichte auch allen iren rechten freihaiten gewonhaiten nutzungen zu- vnd eingehorungen vernewet vnd bestetigt, auch er Treutwein macht haben solch sein gericht mit schopfen schreiberen vnd knechten widerzubesetzen vnd zuentsetzen. jn diners. formarum Limpurg fol. 138.

Als nu Contz Vbelein obgenant mit dot verschaiden ist, hat bischof Johanns von Grunbach das hofschultaissenambt zu Blaichach seinem sune Hannsen Vbelein verlihen am montag nach Thomae apostoli auno 1462. jn feodorum Grunbach fol. 75.¹)

Darnach da gemelter Hanns Vbelein auch gestorben, vnd Baltassar Zingel, sein aiden, vnd Margaretha Hiltbrautin, sein dochter, zu bemeltem ambt vorderung furgewendt. hat bischof Rudolf im 1470 jare Margarethen Schletzin, des Vbeleins nachgelassen hausfrawen, solch ambt abkaufft, vnd ir versprochen si gegen dem Zingel vnd Hiltbrautin zuentheben, sontag nach Erhardj. emptionum libro ²) fol. 104, ³) et j Rudolfi contractuum fol. 141 vnd 141'.

Furter sein die zinse, wie obstet, an die heren zum Neweumunster komen.

Gericht zu Blaichach.

Arnold Muntzmaister hat vmb das jare des heren 1317 von bischof Gotfriden von Hohenlohe zu lehen entpfangen 27 schilling pfeningzins, 2 achtail vnslit, 52 zinshunere in der vorstat zu Blaichach, vnd das gerichte vber die jenigen so berurte 52 hunere geben, ⁴) 2 morgen weingarten am Stain vuter dem Newenhaus, 22 schilling pfeningzins, vnd 34 zinshuner von den houseren in der Bölengasse. jn antiqu. feodorum fol. 35.

Hainrich vnd Hans die Teuffel haben circa annum 1322 von bischof Wolframen zu Wirtzburg entpfangen das gericht zu Blaichach so si vmb Gotzen Arnolden Hainrichen vnd Ruckern vom Sandhofe erkaufft haben. ⁵) eod. libr. antiqu. feodorum fol. 59'. was es aber fur ain gericht gewest, dauou find ich nichts vertzaichet.

Gericht zu Haug.

In dem lateinischen lehenbuch der alten bischofe zu Wirtzburg, antiquum feodorum genaut, stet am 7 vnd 28' bleteren, das Hainrich Schenck vom Rosperg von bischof Gotfriden von Hohenlohe vmb das jare 1317 zu manlehen entpfangen habe j pfd. pfening zins vom hofschultaissen ambt zu Haug. ⁶)

1) In der beglaubigten Abschrift vom Jahre 1695 Fol. 125' und 126.
2) Vgl. oben S. 221 Note 1.
3) Nämlich 104' der alten Zählung, 118' der neuen.
   Lorenz Fries hat an den Rand beigeschrieben: Hofschultaissen ambt zu Blaichach. jn feodorum Grunbach fol. 21.
4) Die betreffende Stelle lautet im bemerkten Lehenbuche: redditus lij pullorum in Bleichach et judicium in illos qui eosdem pullos soluunt.
5) Der Eintrag im angeführten Lehenbuche lautet: Henricus et Johannes nati quondam Conradi Tuvel receperunt, et cum ipsis Virieus Weybeler, ex resignacione Gotzonis Arnoldi Eckonis Henrici et Ruckeri fratrum de Santhove judicium quoddam in Bleicha.
6) Der erste Eintrag in dem bemerkten Lehenbuche lautet: redditus vnius libre denariorum de officio sculteti in Hauge. Der zweite: de officio sculteti in Hauge vnam libram denariorum.

Das zaigt an, das etwan ain hofschultaisz das gericht in der vorstat Haug gehabt hat wie in der vorstat zu Blaichach. aber sunst finde ich ferner nichts dauon geschriben.

S. Steffans gericht zu Sande.[1])

Vber die leute vnd guetere so zwischen dem alten statgraben von s. Steffans thor an strucks herein fur s. Agneten closter bis zu der badstuben zum Guldein genant vnd dan furter das gässlin daselbst zur linken hand hinein fur s. Peters pfar vnd pfarhaus bis an s. Peters brunen an der statmauren wider hinauff bis an s. Peters thor gesessen vnd gelegen hat ain ieder abbt zu s. Steffan den gerichtszwang gehabt in allen burgerlichen sachen, allain dotschlag, diebstal, fliessend wunden, vnd andere blutsachen ausgenomen.

Derselb gerichtszwang ist auch dem gemelten closter von bischof Wolframen vf verhörte kuntschaft wider vernewet vnd bekennt am freitag nach Kiliani anno 1331[2]). rubricata in diuers. form. Limpurg fol. 3 vnd 3', et omissorum fol. 234' — 235.'

Als aber Antoni von Retzbach den sitz vnd weiler oberen Durrbach von dem stifft Wirtzburg zu lehen rurend abbt Georgen seinen nachkomen vnd closter zu s. Steffan mit bewilligung vnd zulassung bischof Rudolfen als des lehenheren verkaufft, haben gemelter abt vnd sein conuent dem stiffte Wirtzburg dargegen obgemelt ir gericht zu Sande mit allen seinen rechten gerechtickaiten gewonhaiten zu ainer ergetzung der vergeltung ortzaigter gnaden vbergeben vnd vrthatlich zugestelt vf montag nach Martini des 1484 jars. rubricata in 3° contractuum Rudolfi fol. 192 vnd 192'.[3])

Airmarcks gerichte.

Der airmarck zu Wirtzburg ist vor zeiten bei der behausung zu der Auln genant, welchen orte man itzund vf dem fischmark haist, gehalten worden, vt in feodorum Gerhardj fol. 17' sp. 2[4]) vnd in feodorum Eglofstain fol. 18.[5])

Vnd bei zeiten bischof Albrechten von Hohenlohe haben die vom Rebstock vf den inwoneren der heusere an den airmark stossend ain besunders gericht[6]) gehabt, welchs Kune vom Rebstock zu lehen entpfangen vnd getragen hat.[7]) jn feodorum Alberti fol. 26 sp. 2.

Beim ersten ist von Lorenz Fries an den Rand geschrieben: Hoffsschultaissen ampte zu Haug; beim zweiten: Scultetus in Hauge.
1) Dieses ganze Kapitel findet sich auch in II Fol. 255 und 255'.
2) Vgl. unseren Abdruck in den Monum. boic. XXXIX S. 441—443.
3) Nach dem Schlusse dieser Urkunde hat Lorenz Fries noch die oben bereits bemerkte Verweisung angebracht: Such noch ain brief von solchem gericht zu Sand in Omissorum domini Conradj episcopi fol. 234.
4) Heincz Nuwewirt recepit in feodum ain hus gelegen vff dem eyermarckt zu Würzburg, das er gekauffet hat vmb Friczen Schenken, mit allen sinen zugehorenden, do vff eins siten hat anstossen Herman Füterer vnd vff die ander siten das hus do die Vle zugehöret.
5) Einen drittenteyle an dem haws das uff dem eyermarke zu Wirczburg gelegen ist, das in die Awle gehort.
6) Jm bemerkten Lehenbuche heisst es: judicium in foro ouorum.
7) Am Rande sind zu diesem Satze von späterer Hand noch die anderen Lehen beigeschrieben: Rottenbaur schlos, Frikenhausens.

Haintz vom Rebstock hat dasselb gericht zum halbtail ¹) entpfangen von bischofe Gerharten. in feodorum ejusdem fol. 13' sp. 1.

Darnach als die judenbensere von dem platz vor vnser lieben frawen capellen gelegen gerwumbt sein worden, ist der airmarkt von der Auln daselbst hin nit weit von der weitenthuer verruckt worden, da er noch gehalten wurt.

Juden gerichte.

Der bischofe zu Wirtzburg camerling oder steblere sind vor alter der juden hie zu Wirtzburg richtere gewest. ²) darnach hat man inen ain rabi zu richter verordnet. dauon such ferner im wort „jud" hernach. ³)

Gerichte auserhalb Wirtzburg im stiffte.

Der gerichte so auserhalb der stat Wirtzburg im stiffte vnd hertzogtumb gehalten werden sein treierlei.

Erstlich die zent- oder halsgericht, von derselben aller vnd ieder namen, herkomen, gelegenhait, freihaiten, ordnungen, zu- vnd eingehörigen flecken, schopfen, rugen, vnd anderem wurt in dem zentbuch lauter antzaigung beschehen. vnd so iemant von den vrtailen vor den gemelten zent- vnd balsgerichten burgerlich ergangen sich beschweren vnd beruffen wolte, das mag er an das bruckengericht zu Wirtzburg als das landrecht vnd die oberste zent thun, vnd die sachen da orteren lassen.

Zum anderen haben die stete märckte vnd dorfere in den ampten des stiffts hin vnd wider in bäblichen vnd personlichen spruchen in fellen die fur vnd an das landzent- oder halsgericht nit gehören ire sundere gerichte.

Vnd solle dem alten herkomen nach iu sachen 12 fl. vnd darunter betreffend von den stat- oder marktgerichten niemant appellieren. aber in sachen sich daruber erstreckend mag man dauon an das landgericht oder die furstlichen räthe zu Wirtzburg wol appellieren.

Wa sich dan iemant der vrtail halben an den dorfgerichten ergangen beschwerdt befunde, der mag sich fur des dorfs amptman beruffen, von welchem in sachen sich vber zehen gulden nit erstreckend ferner niemant appellieren soll aber in höheren fellen mag der beschwert in die wirtzburgisch cantzlej oder for das landgericht wol appellieren.

Appellation von des stiffts hoheren gerichten.

Kaiser Carl der 5 hat dem stifft Wirtzburg die freihait geben, das von des stiffts hohern gerichten, als der cantzlei- hof- oder lehengericht, niemant appellieren solle, es treffe dan sachen vnd felle an die sich vber 200 fl. erstreckenn. alsdan mag man sich

---

1) Das gerihte zu Wirczburg vf dem eyr marckt halp.
2) Auf Fol. 339 ist bemerkt: Die Zöhele als vnterohamerer des stiffts Wirtsburg haben das gericht vber die juden von dem obersten camerer zu manlehen getragen. feudorum Limpurg fol. 2 ab jnitio.
3) Fol 336'—342, wozu drei weitere Seiten mit späteren Nachträgen kommen.
Wir theilen im Anhange I die nach verschiedenen Seiten hin interessante „Freihait der juden zu Wirtsburg vnd allentbalben im stifft" von Fol. 339—341' mit.

danon an das kayserlich chamergericht beruffen, geschehen am 27 septembris anno 1530. rubricata in libro priuilegiorum fol. 377.

Das des stiffts Wirtzburg vnderthane vnd verwante vor allen frembden gerichten gefreiet sein.

Jm jare des heren 823 am 19 tag decembris freiet kaiser Ludwig der erst vnd gutig genant den stifft Wirtzburg, auch seine leute vnd guetre vor allem frembden gericht. rubricata in priuilegiorum libro fol. 202' vnd 203.

Desgleichen freiet kunig Arnhulf am 21 tag nonembris des 889 jars. rubricata eod. libr. priuilegiorum fol. 207'.

Volgends anno 918 am 4 tag julij freiet kunig Cuorat der erst, ain geborner hertzog zu Francken, den stifft Wirtzburg mit seinen leuten gueteren obrickaiten vnd herlickaiten vor allen auswendigen fremden richteren zwengen gerichten vorderungen vnd beschwerden. priuilegiorum fol. 211' vnd 212.

DCCCCXXIII am 8 aprilis freiet kunig Hainrich der erst, von der geburt ain hertzog zu Sachsen, den stifft Wirtzburg, seine leute vnd guetere auch. eod. libro priuilegiorum fol. 212' vnd 213.

DCCCCXCIII am 31 decembris hat kunig Ot der trit die obgedachten seiner vorfaren gegebene freihait bestetigt vnd confirmirt. priuilegiorum fol. 216. welche bestetigung vnd dan seines vaters vnd anberen, beder kaiser Oten des ersten vnd anderen, dergleichen gegebene freibait er volgends da er kaiser worden ist nemlich am 15 septembris des 996 jars wider vernewet vnd roborirt hat. eod. libr fol. 216' vnd 217.

MXII am 10 septembris hat kunig Hainrich der ander, ain geborner hertzog aus Bairen dem stiffte Wirtzburg obberurte freibait bestetigt. priuilegiorum fol. 222' vnd 223. vnd dieselben hernach im (1017) 1018 jare als ain kaiser etwas erweitert vnd confirmiret. jbid. fol. 351—352.

MXXV hat kunig Conrat der 2, auch ain geborner hertzog zu Francken, seiner vorfaren freibaiten obgenant bestetigt am 20 maij eod. libr. fol. 352' vnd 353.

MCCCIX vf donerstag vor Laurentij erkanten des stiffts Wirtzburg landheren vnd dienstleute mit recht, das niemant aus dem hertzogtumb Francken an frembde auswendige gerichte genordert werden solle. priuilegiorum fol. 310. [1])

Kaiser Ludwig der 4 hat dem stifft Wirtzburg ain freibait geben, das man kainen stifftuerwanten an das kaiserlich hofgericht laden solle, es werde dan iemant recht versagt, dinstag nach Misericordias domini 1336. rubricata priuilegiorum fol. 244. [2])

Kaiser Carl der viert freiet am tag Vincentij des 1371 jars den stifft Wirtzburg,

---

1) Unter der Ueberschrift: Sentencia vasallorum et ministerialium ecclesie herbipolensis de non vocando quempiam extra ducatem Franconie, lata coram domino Andrea episcopo herbipolensi.
    Wir haben sie nach dem Originale in den Monum. boic. XXXVIII S. 433 und 434 abdrucken lassen
2) Wir haben sie nach dem Originale a. a. O. XL S. 56 57 mitgetheilt.

das kain stiftsuerwanter oder seine guetere an des reichs hofgericht, fremde landgericht, oder andere auswendige gerichte geladen werden sollen. rubricata eod. libr. fol. 87.

Dise artzelte kaiser Carln des 4 freihait hat kaiser Sigmund bestetigt exaltationis crucis anno 1437. rubricata eod. fol. 87.

Dergleichen hat kaiser Carl der 5 obgedacht seines vorfaren kaiser Carln des 4 freihait zu zwaien malen confirmirt eod. libr. folijs 373' — 375' vnd 385'.

Rotweil. wie der stifft Wirtzburg ain sundere freihait wider die hofgericht habe.

Wiewol sich nu aus disen obangeregten priuilegien lauter erfindet, das alle des stiffts Wirtzburg angehorige vnd verwante sambt iren haben vnd gueteren fur allen auswendigen kaiserlichen kuniglichen hofgerichten landgerichten vnd anderen gerichten gefreiet sein, so vnterstunden sich doch richter vnd schopfen des hofgerichts zu Rotweil, des stiffts Wirtzburg landsessen vnd ire guetere fur sich zuziehen vnd recht vber si zusprechen. vnd obwol di regirenden fursten solche geladene in crafft irer habenden freihaiten fur sich zuweisen abforderten, so wolten si doch die ehafften sachen — das ist jniuri, schmahe, gewaltsame, vnd dergleichen — nit remittiren, sunder daruber richten.

Dieweil aber solchs dem stifft Wirtzburg vnd seinen verwanten nit zu geringen beschwerden raichte, erlangt bischof Conrat des geschlechts von Thungen von kaiser Carln dem 5 ain freihait, das hinfur niemant des stiffts Wirtzburg vnd hertzogtumbs zu Francken grauen, fraien, heren, ritere, knechte, manne, dienere, stete, leute vnd vnterseesen, oder ire habe vnd guetere vmb kainerlai sachen willen, ob die gleich schmahe gewaltsame oder ehafften antreffen, an des reichs hofgericht sunderlich gein Rotweil laden oder furforderen solte bei pene j' pfd. lotigs golds. jst beschehen zu Augspurg am 9 octobris des 1530 jars.

Darnach in dem 1532 jare am neunten tag julij hat gemelter kaiser Carl dits oberlaut priuilegi zu Regensburg duplicirt vnd gebessert, welchs furter am kaiserlichen chamergericht vidimirt vnd dem hofrichter vnd schopfen zu Rotweil insinnirt ist. [1]) rubricata libr. priuilegiorum fol. 378 — 379.

---

[1]) Auch in II Fol. 240' begegnet uns folgende hieher bezügliche Darstellung unter dem Schlagworte Rotweil:

Bischof Conrad von Thungen bracht kaiser Carln dem funften zu Regensburg fur, wiewol seine vorfarn am reich jme seinem stift vnd hertzogthumb zu Francken gefreit das niemant des stifts angehörigen, geistlich vnd weltlich, noch ire hab vnd gutter für keinen andern weltlichen richter noch für den kaiser selbs dan vor einem bischof zu Wirtzburg beclagen mogt, es were dan das den clegern wider recht vnd des stifts gewonhait das recht vertzogen oder versagt, oder das er von seines stifts vnd des reichs wegen gen jemand zu schaffen oder zu fordern hette, so luden doch das hofgericht zu Rotweil seines stifts vnterseesen vnd verwanten sonderlich in sachen jniarien schmahe gewaltsam vnd dergleichen zu abbruch seiner freihaiten. bate, ine vnd sein stift nit beschweren zu lassen, sondern zu handhaben.

Das thet der kaiser. frait in, das das hofgericht zu Rotweil bischof Conraden vnd seinem

So findest du bieneben ain sunder kurtze sumari antzaigung aller vnd ieder gerichte, gaistlicher vnd weltlicher, in der stat hie zu Wirtzburg vnd im stifft vnd hertzogtumb zu Francken, desgleichen welchen auswendigen gaistlichen vnd weltlichen gerichten ain bischof zu Wirtzburg, vnd sein grauen, heren, ritere, knechte, vnd andere vnterthane vnd verwante vnterworfen vnd gehorsame zulaisten schuldig sein oder nit.

So viel über den Gegenstand dessen Behandlung wir uns vorgesetzt haben, nämlich einen Beitrag zur Würdigung des Lorenz Fries in denjenigen seiner Arbeiten zu liefern welche theils besonders behandelt theils hier und dort in andere Schriften verwoben uns unschätzbare Aufschlüsse zur fränkisch-wirzburgischen Rechtsgeschichte und insbesondere zum fränkisch-wirzburgischen Gerichtswesen älterer wie namentlich seiner Zeit selbst gewähren.

Doch möchten wir nicht schliessen, ohne wenigstens in einigen Worten noch darauf hinzuweisen wie die Schriften deren wir im Verlaufe unserer Abhandlung gedacht haben keineswegs nur etwa von vorübergehendem Einflusse gewesen, sondern eine weiter greifende Bedeutung insbesondere für das praktische Leben erlangt haben, eine weiter greifende Bedeutung welche theilweise wieder nur der wirzburgische Archivar einlässlicher als irgend Jemand anders zu beurtheilen im Stande ist.

Wie sehr beispielsweise die hohe Registratur, frühzeitig schon in mannigfacher Weise[1]) benützt, im ersten Viertel des vorigen Jahr-

---

stift an seinen freihaiten kein verhinderung thun, sonder alle schmach iniurien vnd gewaltsame sachen nit weniger den andere vf absorderung an stift gewisen werden sollen bei pene 100 marck lottigs goldes. actum den neunten tag des monats julij anno 1532. originale zu hof in priuilegii schrein. rubricata priuilegiorum fol. 378 — 379.

Dis priuilegium ist am camergericht transumirt, vnd bei dem original gepunden. ist anno 1540 zu Rotweil vnd andern orten per edictum affigirt vnd insinuirt durch ein camerbotten.

Item es ist zum vberflus per notarium in presentia aliquorum testium dem richter vnd schopfen zu Rotweil in faciem insinuirt den andern septembris anno 1544, prout in justrumento desuper inchoato.

1) Zwei Abschriften des Artikels Haller oder Häller I Fol. 265' u. a. f. noch aus dem sechszehnten Jahrhunderte finden sich in dem „Judex generalis" über das domcapitel'sche Archiv Fol. 255 — 257' und ungefähr in der Mitte des nunmehrigen Bandes 28 der Reihe der Libri diuersarum formarum.

hunderts nochmal besonders abgeschrieben, heute noch im Archive eine treffliche und beliebte tagtäglich mit Vortheil zu Rath gezogene Fundgrube über fränkisch-wirzburgische Verhältnisse der verzweigtesten Art, fort und fort benützt wurde, kann zur Genüge derjenige ermessen welcher Gelegenheit hat, ganz abgesehen von den verschiedensten Akten beispielsweise die einzelnen Serien alphabetischer Registraturen oder Repertorien einzusehen welche über die jeweilig im Archive über diese und jene wirzburgischen Aemter vorhandenen Originalurkunden nach und nach angelegt beziehungsweise fortgesetzt worden sind, in welchen sich dieselbe häufig wortwörtlich theils zu Einleitungen theils sonst ausgezogen [1]) findet, öfter auch ohne weiteres als Quelle namentlich [2]) angeführt wird.

Was mehr die in das Rechts- und Gerichtswesen einschlagenden Schriften anlangt, ist das Zentbuch die wesentliche Grundlage für das in der zweiten Hälfte der siebenziger Jahre des sechzehnten Jahrhunderts ausgearbeitete grosse Zentbuch geworden. Ist ja doch in der Kanzleiordnung vom 16. Juni 1559 ausdrücklich die Rede, es solle der Malefizschreiber Kunz Wainer „jn seinom ampt vleisz furwenden, vnnd darneben sehen wie er einer ieden zenth brauch vnnd gewonhait souil muglich sich erlernen, vnnd wann vnrichtigkait oder frag furfellet das er jn rethen bestendigen bericht vnd antzeig dauon thun khonne. er soll auch das zentbuch so er in seinen handen hat mit vleisz ersechen verlesenn: vnnd was er jn einer jedenn zeuth fur geprechen vnnd mengel die jn gemeltem buch nit stehen befindt, er erlerne sich gleich desselben ausz den gebrechen buchern oder sunsten, das soll er jn ein neben buch fleissig vermercken, doch jn das zentbuch nichts one wissen oder sondern beuelch einschreiben oder addiren. Und vernehmen wir weiter

---

1) Wie etwa im ersten Bande einer dergleichen Sammlung, wo es unter dem Amte Aschach bei der Erwähnung dass das Dorf Aschach getheilt, und der Theil worin die Pfarre liegt Aschach, der andere worin das Schloss gelegen Neustees genannt worden, was in der hohen Registratur I Fol. 30' bemerkt ist, noch ausdrücklich heisst: Zentbuch Frisaei fol. 62, welche Verweisung auch von späterer Hand der erwähnten Stelle der hohen Registratur selbst beigesetzt ist.

2) Im ersten Bande einer anderen Serie heisst es bei dem Amte Arnstein, nachdem eine wörtliche Uebertragung aus der hohen Registratur (I Fol. 26) erfolgt, noch ausdrücklich: vide weiter Frisen in registratura fol. 26 tom. j. Diese Verweisung trifft auch vollkommen zu.

aus den im Regimentsrathe am 24. Mai 1565 vorgebrachten „ungeuerlichen gebrechen so sich jm cantzlej rath vnd der cantzlej stuben befinden" wie folgt: es wäre auch „ein notturft, dem malefitzschreiber jemanden zu adjungiren welcher die zennthen am stifft in ein richtigkeit bringen vnd sich derselbigen gebrauch vnd herkommens eigentlich erkundigen, damit der stifft nicht gar von demselbigen keme, dieweil man Hansen Helffers [1]) malefitzschreibers aus der cantzley nit wol entpehren kan. vnnd nachdem sich vielmals zutregt, das man augenschein besichtigungen vnd erkundigung einnemen muss, dartzu einer sonderlichen person sehr wol vonnöthen, damit die armen partheyen vnd vnterthanen desto ehe vnnd zeitlicher entschieden verglichen vnd vertragen werden möchten, do sie sunsten wol ettliche jar vffgetzogen vnd nit gefurdert werden, so were demnach doctor Jheronimus Hofman [2]) dartzu sehr tuglich verstenndig vnd geschickt, welcher also jm stifft gebraucht werden vnd zugleich auch die zenthsachen in ein richtigkeit pringen könnte. so er auch nit zuuerreiten hette, vnd bei der cantzlei were, kan er neben andern gelerten rethen auch gebraucht werden". Darauf hin äusserte sich der viel genannte Junker Johann Schätzler in seinen „rathlichen bedenckhen was jnn der furstlichen wirtzburgischen cantzlei zuexpediren nothwendig" vom 14. Juni 1565 folgendermassen: Das alte zentbuch musz gar vernewt vnd ein newes vnd fermliches vnd glaub wirdigers zentbuch gemacht, vnd die zentgerichts vnd halsgerichts ordnung vnd gebrauch zuuor notturftiglich erkundigt vnd beschriben werden, wie dan Magister Lorentz Fries seliger einen gutten anfang gemacht vnd einen starcken eckstein gelegt hat. das were durch Hansen Helffern am basten zu machen, vnd vmb solcher muhe zu besolden. Die Arbeit scheint entschiedenen Fortgang genommen zu haben. Verschiedene Berichte liefen von den Aemtern bei der Kanzlei ein, und blicken wir auf zehn Jahre später, so liegt ein Druck mit 59 Fragen zur Vollendung der Zentbeschreibung vor. Das grosse „Centh Buch" in zwei mächtigen Foliauten [3]) war damit ermöglicht.

---

1) Vgl. oben S. 161 Note 1.
2) Er begegnet uns alsbald als Vicekanzler. Vgl. Schneidts Thesaurus juris francon[ici] I S. 30 und 269.
3) Als seine Fortsetzung bis um die Mitte des achtzehnten Jahrhunderts kann das Cent-Buch in vier Foliobänden angesehen werden, wovon der erste die Generalia von

Ein ähnliches Verhältniss begegnet uns bei den Arbeiten über das kaiserliche Landgericht des Herzogthums Franken und die mit demselben in innigem Zusammenhange stehenden so wichtigen fränkischen Landesgebräuche. Auch sie bildeten eine Grundlage auf welcher fortgebaut wurde. Gerade Johann Schätzler bemerkt hierüber wieder am vorhin angeführten Orte: Das landgericht, wie es Magister Lorentz Fries angefangen, mit seinen gebreuchen zu beschreiben vnd in ein bestendige vnd richtige ordnung[1]) zu pringen vnd zu machen,

wegen deren zenten, die anderen sodann die einzelnen Zenten selbst und die darunter fallenden wie die zentfreien Orte Albertshausen — Hüttenheim, Jagstberg — Niederndorf, Obernbreit — Wirzburg enthalten.

1) Die langwierigen Verhandlungen welche hierüber gepflogen worden sind in all ihren Einzelheiten verhältnissmässig äusserst wenig berücksichtigt. Auch ist es weder unsere Aufgabe, noch kann sie es insbesondere an diesem Orte sein, ausführlich darauf einzugehen. Immerhin aber dürfte man uns Dank dafür wissen, wenn wir wenigstens einige zum Theile nicht näher bekannte Belege zu dieser Frage aus Akten die uns im wirzburger Archive unter die Hand gekommen hier beibringen.

Wir haben oben S. 209 in der Note 6 der Reformation der geistlichen Gerichte von Fürstbischof Lorenz aus dem Jahre 1512 Erwähnung gethan. Kast 16 Num. 166 verwahrt uns auch den Entwurf einer Landgerichtsordnung, in deren Einleitung der genannte Fürstbischof sagt, dass er nach der oben berührten „Ordenung vnd erleutterung vor aufgerichter reformationen der geistlichen gerichte" beschlossen habe, auch den weltlichen Gerichten seines Stiftes und insbesondere dem hochgefreiten Landgerichte des Herzogthums Franken eine Ordnung und Satzung zu geben, in welcher namentlich die Reformation des Fürstbischofes Gottfried — in dessen Lebenbuch Fol. 142 bis 144 beziehungsweise 145, indem nämlich auf Fol. 144' bis 145 die betreffenden Eidesformeln stehen, wie sich solche auch auf Fol. 161' bis 162 finden, worunter zuletzt ein Judeneid; wozu vielleicht noch bemerkt sein mag, dass ebendort Fol. 145' bis 146' eine erneuerte Reformation der Landgerichtsordnung aufgenommen ist, in welcher im ersten Artikel des Fürstbischofes Gottfried bereits als eines Seligen gedacht ist — auch begriffen. Bekannt ist die Landgerichtsordnung vom Dienstage nach Elisabeth des Jahres 1512, welche sich im Liber I diversarum formarum Laurentii Fol. 124' — 132' findet, wie auch in einem wirzburger Drucke dieses Jahres der beispielsweise dem Akte aus dem Archive der Stadt Schweinfurt Num. 6 eingebunden ist, von welchem auch Schneidt ein Exemplar für seinen Abdruck im Thesaurus juris franconici II S. 783 — 819 benützte.

Eine Erklärung zu ihr findet sich im Liber I diversarum formarum Laurentii Fol. 78' — 80.

Es unterliegt keinem Zweifel, dass Uebelstände mannigfacher Art bei diesem kaiserlichen Landgerichte des Herzogthums Franken vorgekommen. Namentlich im zweiten Viertel des sechzehnten Jahrhunderts war dieses der Fall. Abgesehen von anderem auch in dem wie sonst so nicht minder bei den streitenden Theilen die Gemüthlichkeit arg störenden Geldpunkte bezüglich der an den Landschreiber zu entrichtenden Gebühren, welche theilweise gegen die gesetzlichen Bestimmungen hoch gegriffen worden sein mögen.

damit zwischen den partheien vil zangks hader vnd vnnotturftig rechtferttigung vermitten pleben mocht. daneben bei dem landschreiber vnd

---

Liegt ja doch bei den Akten eine derartige Beschwerde des Procurators Kaspar Stutzel am Landgerichte zu Wirzburg gegen den Landschreiber Johann Birnesser mit zwei Gutachten der von dem letzteren angezogenen Procuratoren Johann Gothart und Nicolaus Suess aus den Monaten März und April des Jahres 1532.

Wie es den Anschein hat, verschloss man vor diesen Dingen die Augen auch an den Orten nicht von woher Abhülfe am ersten zu kommen haben sollte. So machte der fürstbischöfliche Syndicus Kaspar Nenninger auf die Mängel welche ihm in seinem Amte aufgetaucht in einem am 28 Oktober 1535 in den Einlauf gekommenen Schreiben aufmerksam.

Auf einen vielleicht in Folge hievon ihm von dem am Dreifaltigkeitssonntage des Jahres 1536 zum Landrichter des Herzogthums Franken ernannten und am folgenden Tage ins Amt getretenen wirzburger Domherrn und fürstbischöflichen Rathe Daniel Stieber zugekommenen Auftrag zu einem Gutachten über die Hebung der Missstände am kaiserlichen Landgerichte erstattete er am Mariaehimmelfahrtstage des bemerkten Jahres besonderen Bericht in einem Schriftstücke von zwei Bogen. Er betonte da gleich im ersten Punkte die Nothwendigkeit einer Zusammenstellung der alten Landesgebräuche aus den Landgerichtsbüchern und sonst wie ihrer schriftlichen Abfassung als einen Gegenstand von höchster Wichtigkeit. Nicht minder interessant ist die unmittelbar darauf im zweiten Punkte besprochene Langsamkeit des auf der sogenannten Reformation — der Fürstbischöfe Gottfried und Lorenz — beruhenden Verfahrens am kaiserlichen Landgerichte: jan dem das mann drey priess oder citation — nemlich furpott pfandt vnnd anleit — schickenn muss, daruff vss wenigst zwolff wochenn lauffenn. vnnd hat einer nach der anleitt allererst nach sechs wochenn vnnd drey tag. schickt darnach die widersaleit, daruff aber vier wochenn genn. das sein zweintzig wochenn. darnach excipirt der beclagt allererst wider die clag. daruff genn replio duplio driplio vnnd ein bey vrtboill, also das nit woll muglich, wans der beclagt sein sach vff denn verzugk setzenn will. das man jnne jnn einem gantzenn jar zw der antwort pringen moge. so hatt auch der beclagt macht, wann er schona die wider anleit nit nimpt vnnd die vollung geleist, jnn einem jar darnach sich aus der vollung zw loesenn. vnnd wann er dem cleger die expensen erlegt, ist er zugelassenn sich nochmals jnn das recht zubegebenn, vnnd dannoch nit schuldig alszpald vff die clag zu entwartten, sondern mag zuuor wider die clag jnn aller mass als ob er sich vff denn ersten priess jnn recht eingelassen hett excipirnn, darüber dann die armenn leutt nit wenig schreyenn.

Dieses Aktenstück steht indessen nicht vereinzelt da, und man geräth unwillkürlich auf den Gedanken dass der neue Landrichter sich sogleich beim Antritte seines Amtes mit weiter gehenden Planen beschäftigt habe. Denn schon zwei Tage vor dem eben erwähnten Berichte war an ihn auch auf besonderem Verlangen ein derartiges unter Berücksichtigung der Landgerichtsordnungen beziehungsweise Reformationen der Fürstbischöfe Gottfried und Lorenz ausgearbeitetes Gutachten von Ludwig Fruck in vier Bogen gelangt. Es stellt zunächst die Gegenstände welche am kaiserlichen Landgerichte zur Verhandlung kommen sollen dahin auf, dass es „jn allen burgerlichen vnd peinlichen, auch heblichen vnd personlichen sachen, dessgleichen auch vmb freuelich vnd gwaltig beschedigung des leybs der eren vnd des guts zurichtten vnd zuerkhennen" habe, woran noch weiter geknüpft ist: auch sol vmb erbschafft, es treffe lehen oder eygen guetter an, vor diesem landtgericht gerechtet vnd davon nit gewyssen werden. vnd wo yemants zu

in der cantzlej noch frag zu haben vnd aufzusuchen welche sich ausz
dem landgericht ziehen vnd dem nit gehorsamen wellen, damit auch
ein zeitlichs einsehens gehabt werde.

---

erben ja leben guetter an disem lantgericht erkant werde, vnd der lehenherr auff des
landtrichters schreyben den erben solich leben guetter nit verleyhen noch eingehen wollt,
so sol vnd mag der landtrichter von gerichts wegen das lehen verleyhen, vnd der landt-
furst diesen erben mitt macht einsetzen, dabey handthaben vnd schuetzen. Sodann beschäftigt sich Freck in aller Ausführlichkeit mit der Frage nach der Beschleunigung des
Processes, da schon die gewöhnliche Citation „so furpott pfandt anleyt vnd wider
anleyt genant wart" viel Verzug verursache und Zeit nehme. Im übrigen betrachtet er
die Abhaltung von eilf Landgerichten im Jahre — und zwar, wie bis dahin
üblich gewesen, von je drei Tagen — für genügend, während nach seiner Ansicht „die
aschlandtgericht so der landtschreyber mit den procuratorn ausserhalben der rechten
landtgericht bisher gehallten" mehr Verlängerung als Förderung der Sache verursachten.

Was gerade den letzten Punkt anlangt, kennen wir auch die Anschauungsweise welche
der schon vorhin genannte Nenninger in dieser Frage hatte. Er wollte anstatt der
bisher jährlich abgehaltenen dreizehn Landgerichte, welche im Jahre 1595 noch um eines
vermehrt worden, nur zwölf befürworten, an welchen indessen keine schwebenden Rechts-
fälle, sondern „alleinn proclama, vermechtnus, besich, arrost, vnd dergleichen sachenn die
alsbald rechtlicher erkantnus notturfftig werenn" verhört und verhandelt werden sollten,
während entgegen in den je acht oder zehn Tage nach jedem der zwölf ordentlichen
Landgerichte abzuhaltenden Nachgerichten oder Nachlandgerichten in einer
Dauer von je zwei Tagen „nichts dann rechtlich schwebend sachenn" zur Verhandlung
zu kommen hätten.

Wohl auch in diese Zeit dürfen wir einen von dem Doctor der Rechte Johann Brief
verfassten Entwurf einer Landgerichtsordnung des Herzogthums Franken in einer Papier-
lage von fünf Bogen setzen. Der genannte Rechtsgelehrte wurde am Montage nach Lucia
des Jahres 1526 als fürstbischöflicher Rath aufgenommen, und der Entwurf sellat, an
dessen Spitze Fürstbischof Konrad III aus dem Geschlechte von Thüngen mit dem Domdecan Johann von Guttenberg und dem Domcapitel erscheint, kann bis gegen den 14. Februar
1538 fallen, an welchem Tage der erwähnte Domdecan das Zeitliche gesegnet hat. Es
wird in demselben ausdrücklich erklärt, dass die gedruckte Reformation und Ordnung —
wie es heisst — des Fürstbischofes Lorenz in ihrer Würde und Kraft bleiben solle. Die
Hauptcapitel sind folgende: von den Citationen und ihrer Execution wie Reproduction
wie die gerichtlichen Termine gehalten werden sollen; wie in contumaciam des Citirten
procedirt werden solle; wie in dem Falle wenn der Kläger ungehorsam ausbleibt.

Ob wir auch um diese Zeit ein anderes hier einschlagendes Aktenstück setzen dürfen,
vermögen wir ohne nähere Prüfung nicht mit Sicherheit zu behaupten. Es ist dieses
ein Heft von vier Bogen mit einem Umschlage auf dessen Vorderseite von alter Hand
„Landgericht" geschrieben ist. Seinen Inhalt bilden mit lateinischen Randglossen von
der gleichen Hand versehene Bemerkungen zu einer Revision der Landgerichtsordnung,
theils aus selbstständigen Ansichten bestehend, wie etwa dass dem bisher allein mit Laien
besetzten Landgerichte einer aus den gelehrten fürstbischöflichen Räthen beigesellt werden
möge, oder dass an den weltlichen Gerichten der Stadt Würzburg acht Redner aufzunehmen
wären, wovon vier lediglich für das Landgericht bestimmt, die andern vier vor der Kanzlei

Was weiter die oben S. 205—227 von uns mitgetheilte **Schrift über die weltlichen wie geistlichen Gerichte des Hochstiftes** und

wie dem Stadt- und Brückengerichte den Parteien reden sollten, theils an besondere lateinische Buchstaben eines Exemplares von des Fürstbischofs Lorenz Reformation geknüpft welches hiemit zweifelsohne zum Behufe der betreffenden Revision versehen gewesen, theils auch einzelne Kapitel der bemerkten Reformation als solche behandelnd, mitunter bereits im Mandatenstile abgefasst.

Auf ein umfangreicheres Ziel hatte es, wie bemerkt, der Landrichter Daniel Stieber in seinem aus Schneidt's Thesaurus I von S. 94 an bekannten eben wieder dem Fürstbischofe Konrad III unterbreiteten Antrage abgesehen, indem nicht nur die Organisation des kaiserlichen Landgerichts und das gerichtliche Verfahren bei demselben ins Auge gefasst war, sondern auch hauptsächlich die so immer wichtiger werdende schriftliche Sammlung der Landesgebräuche beabsichtigt wurde.

Zwei treffliche Kräfte vereinigten sich mit ihm zu diesem Werke, und halfen es wesentlich fördern. Unser Lorenz Fries, und sodann der seitherige Gerichtsschreiber am geistlichen Gerichte Niklas Diemer, welcher am 20. Dezember 1541 das Landschreiberamt des Herzogthums zu Franken antrat.

Dürfen wir einen hier ein gewisses Licht in die Verhältnisse werfenden Fall berühren, so ist es der welchen wir dem Rathsprotokolle vom Dienstage nach Anton des Jahres 1546 Fol. 192' entnehmen. Hienach liessen die fürstbischöflichen Räthe an die Beisitzer am kaiserlichen Landgerichte auf deren Bitte um Verständigung darüber, wie weit sich die einen ganz hauptsächlichen Gegenstand des Wirkungskreises des genannten Landgerichts bildende Machung einer Kindschaft erstrecke und wann sie wieder aufzuhören habe, die Erklärung gelangen: wann jnen — den rethen — solche felle furkommen, so sprechenn sie nach lauth der geschribenn rechten, vnd das sich solche einnkindtschafften nit weiter dann auf die personen zwischen denen der contract der einnkindtschafft auffgericht wurdet erstrecken sollen noch von rechts wegenn erstrecken mögen: darumh wissen sie den landtgerichts beisitzerenn anders nit zurathen dann das sie sich jnn solchem auch dergleichen halten mogenn.

In das eben genannte Jahr fällt auch die Landgerichtsordnung des Fürstbischofes Melchior vom Montage nach Lichtmess, welche aus dem Liber II diversarum formarum Conradi Fol. 147—149' zu ersehen ist.

Was die nächsten Arbeiten gewesen welche in den angeregten Beziehungen zuvörderst von Seiten des Daniel Stieber und des Lorenz Fries erfolgten, sind sie bekannt.

In innigem Zusammenhange wie in den handschriftlichen Akten so auch im Wesen selbst stehen die Vorschläge des Daniel Stieber und die Zusammenstellung der fränkischen Landesgebräuche welche Lorenz Fries gefertigt. Sie sind in Schneidt's Thesaurus I S. 94—106—192 nach zweien in seinem Besitze befindlich gewesenen, nunmehr unter den Numern 144 und 146 auf der wirzburger Universitätsbibliothek vorhandenen, nach ihrem Einbande als roth und gelb bezeichneten Foliohandschriften veröffentlicht, welche nicht vollkommen mit einer Handschrift zusammenstimmen die ehedem Freiherr v. Senckenberg besass, aus welcher er den Abdruck im Anhange seiner „Abhandlung der wichtigen Lehre von der kaiserlichen höchsten Gerichtbarkeit in Deutschland" S. 33—41—116 bewerkstelligte. Insoferne es bei dergleichen Dingen immer von Interesse ist, das Original oder wenigstens irgend welche officielle Ausfertigung zu kennen, wird man uns entschuldigen wenn wir in dieser Hinsicht folgendes bemerken. Das Original

der Stadt Wirzburg (beziehungsweise des Herzogthums Franken) anlangt, liefert uns den Beweis dass man sie auch später

selbst zwar sei es der Daniel Stieber sei es der Lorenz Fries hat sich bis zur Sturde nicht vorgefunden. Allein die Verhandlungen welche über den grossen Gegenstand amtlich gepflogen wurden sind uns in verschiedenen Akten und Protokollen erhalten. Gerade in einem der letzteren, und zwar des wirzburgischen Rathes, findet sich auch eine äusserst sorgsam gefertigte und ohne allen Zweifel nur aus dem Originale gezogene Abschrift eben der Vorschläge des Daniel Stieber wie des Entwurfes der Landsgebräuche von Lorenz Fries. Wir meinen das Protokoll von dem Jahre 1561 an, Fol. 134—166. Das betreffende Aktenstück führt an seiner Spitze — ganz entsprechend der Handschrift des Freiherrn v. Senckenberg — die offenbar auf dem oder auf den einschlägigen Produkten in der Registratur oder Kanzlei übergeschriebene gewesene Meldung: Etliche alte landsgebrauch des kaiserlichen landgerichts herzogthumbs zu Franckhen, so bey regirung weyland dess hochwürdigen fürsten vnd herrn herrn Cunraden dess geschlechts von Thungen bischouen zu Wirzburg vnd herzogen zu Franckhen etc. dess 1536 jars — als der erwirdig vnd edel herr Daniel Stihar, thumbher zu Wirzburg, probst zu Camberg Haug vnd Newenmunster, landrichter gewesen — durch die alten erfarne landgerichts procuratores zusamen gezogen, hernacher hochermeltem fursten von angeregtem herrn landrichter vnderthenig vbergeben, vnd alssdann von dem ernhafften vnd wolgelerten herrn M[agistro] Laurentio Friesen, furstlichem rath vnd secretario seligen, ju namen vnd von wegen jrer furstlichen gnaden penates vleiss wie volgt ordenlichen beschriben worden, mit beschliesslichem angebenchtem vermanen das die vbrigen fell der alten landsbreuch furtter aus den alten landgerichtsbuchern auch auszogen vnd diesem herbey vnd zugethan werden sollen. Darauf folgt unter der Ueberschrift „Vngeferliche Anzaignung der mengel vnd gebrechen des loblichen alten landgerichts dess herzogthumbs zu Franckhen, wie die durch den hochwürdigen fursten vnd herrn herrn Conrads bischoff zu Wirzburg vnd herzog zu Franckhen neue reformation hinzulegen vnd zu pessern, gott dem almechtigen zu lob vnd ehre, auch damit recht vnd gerechtigkheit gefurdert, vnd das vilfeltig schreien vnd clagen so bisher vber diss landgericht gewesen abgewendet vnd furkhomen werde, doch auf menigliche vnd zuforderst hochgemelts meines gnedigen fursten vnd herrn enderung vnd verbesserung" der Vorschlag des Daniel Stieber. An ihn knüpft sich unmittelbar ohne besondere Ueberschrift die Zusammenstellung der Landesgebräuche von Lorenz Fries. Hienach unterliegt es keinem Zweifel, dass die Gestalt in welcher die einschlägigen Stücke aus der Handschrift des Freiherrn v. Senckenberg veröffentlicht sind dieser officiellen Aufzeichnung näher kommt als die in den beiden Handschriften unseres Schneidl. Erwähnung verdient vielleicht hiebei noch, dass — abgesehen von den Aenderungen in der Schreibweise — im Rathsprotokolle der §. 47 der beiden angeführten Drucke fehlt, der §. 49 derselben keine Ueberschrift hat, die des §. 71 dort nicht wie bei Schneidl I S. 163 „Manlichen" sondern wie im Anhange v. Senckenbergs S. 68 das richtige „mann leben" bietet, jene des §. 96 anstatt „so das eigenthumb angezaigt" gegen beide Abdrücke das richtige „so das eigenthumb anzog" hat.

Nicht unwillkommen hiezu gelangen gerade noch während des Druckes unserer Untersuchung einige Zeilen unseres Freundes Dr. Schäffler, nunmehr Vorstandes des wirzburger Archives, über ein im Kasten 143 desselben befindlich gewesenes von ihm als Num. 16 der Sammlung der Manuscripte eingereihtes Aktenstück von 45 foliirten und 5 unbezeichneten Blättern in Folio, in Pappendeckel gebunden, aus dem letzten Drittel des sechzehnten

noch benützte beispielsweise eine am Anfange des achtzehnten Jahrhunderts gemachte amtliche Aufzeichnung über den Zustand des Fürst-

Jahrhunderts, an aus. Es führt als Titel die vorhin angegebene Meldung: Etliche alte
landtsgebreuch — angethan werden sollen. Darauf folgt: Nota, solche gepreuch fangen
sich an folio 5: Wie vnd welcher gestalt — nämlich das Werk des Lorenz Fries bei
Schneidt a. a. O. I S. 105 — u. s. f. mit der weiteren Anfügung: vnnd ist ain gleichlaudente
copey aus benelch vnsers gnedigen herrn von Wirtzpurg etc. dem alten vnd neuen landschreibern den 30 aprilis des 1569 jahrs auch vberantwort worden. Vgl. hiezu S. 237 unten. Mit
Fol. 1 beginnt bis Fol. 45' fort der bei Schneidt a. a. O. I S. 94—192 gedruckte Text, während
die 5 folgenden nicht numerirten Blätter ein Verzeichniss der Titel desselben bieten. Nicht
ohne Werth sind hiebei folgende von einer und derselben späteren Hand beigeschriebene
Randbemerkungen. Auf Fol. 1 zu der Ueberschrift „Ungeuerliche anzaigung" vnd so fort:
Nota, solche antzaygung ist in schrifften bischoffen Chunraden des geschlechts von Thungen
von herrn Danielen Stibern thumbherrn vnd landtrichtern übergeben worden. Auf Fol. 5
zum Beginne der Arbeit des Lorenz Fries „Wie vnd welcher gestalt" vnd so weiter:
Anfangk des herrn Friessen gestalten begriffs der alten landtspreuch hertzngthumbs
Francken. Auf Fol. 6 zu den Worten „hab ich zu furderung gemeines nutzen" u. s. w.
bei Schneidt a. a. O. I S. 107 Zeile 17: Alhier redet herr M[agister] Laurentius Fries fürst-
licher wirtzpurgischer rath und secretarius gewesen. Auf Fol. 7 unter der letzten Zeile
dieses Blattes „weitleufftig, auch etwas vnortenlich geschriben warden" bei Schneidt a. a. O.
I S. 107 Zeile 21/22: Nota sulch alt concept ist noch in der canzley zufinden, daraus dan
er Fries disen begriff gemacht. Was im einzelnen die Arbeit des Lorenz Fries anlangt,
fehlt beispielsweise auch hier der §. 47 der Drucke, und ist deren §. 49 kein eigener Artikel
sondern an §. 47 beziehungsweise ihren §. 48 einfach angereiht, während die Schlussworte
ihres §. 61 „abgezogen und verglichen werden" fehlen.

War bisher von Daniel Stieber und Lorenz Fries vorzugsweise die Rede, so kommt
wesentlich auch die Thätigkeit des Landschreibers Niklas Diemer in Betracht.

Es liegt uns von ihm zunächst ein Bericht von sieben Falinbogen vor, wovon der erste
den Umschlag bildet, auf dessen Vorderseite die Aufschrift „Landtgerichts Mengel"
steht. Sie beziehen sich zunächst nur auf die Abschaffung der grossen Unordnung und des
Unfleisses der Procuratoren bis zur seinerzeitigen Abfassung einer vollkommenen Gerichts-
ordnung, und zwar zunächst in 17 Punkten, woran sich 8 weitere hauptsächlich über Für-
gebot Pfand Anleite und Vollung anreihen, während am Schlusse noch auf eine Verständigung
darüber angespielt wird wie weit sich die Machung einer Kindschaft erstrecke und wann
sie aufhöre, damit nicht das Landgericht des Herzogthums Franken bezüglich dieses
Landesbranches dann als die fürstliche Kanzlei urtheile, weiter noch auf die Vormünder der
armen Waisen welche jämmerlich am ihr Vater- und Muttergut gebracht würden, endlich
auf die Nothwendigkeit einer Musterung unter den Notaren im ganzen Hochstifte. Dieses
an den Landrichter des Herzogthums Franken addressirte Aktenstück ist mit mannigfachen
Correcturen von anderen Händen im Texte wie am Rande versehen, an welchem sich auch
häufig der Beisatz „Placet" findet.

Nicht minder wichtig sind Niklas Diemers beide Verzeichnisse der Landesgebräuche aus dem Schlusse der vierziger Jahre und aus dem Jahre 1557,
in den Akten selbst mit A und B bezeichnet. Der Inhalt des ersteren ist durch Freiherrn
v. Senckenberg a. a. O. S. 117—132 beziehungsweise 196 und Schneidt a. a. O. I S. 195
—220 beziehungsweise 224 dem Drucke übergeben, der des zweiten durch Schneidt a. a. O.

bisthums nach seinen verschiedenen Beziehungen, in der Manuscriptensammlung des Archives unter Numer 13 befindlich, welche in dem

I S. 225—267. Bezüglich der Vergleichung hiemit möchte zu bemerken sein, dass A die lateinischen Ueberschriften und Randstellen welche sich in den Drucken finden nicht hat, und dass der Text selbst mit Artikel 21 ohne den Schluss von „Wiewohl in diesem bis anhero" angefangen endet. In B ist nach dem ersten Absatze des Artikels 3 — vgl Schmeidt a. a. O. I S. 280 — noch folgende besondere Note eingeklebt: Das ist ja allen drayen justaatzen, als am landtgericht, ja der fürstlichen cantzley, vnd kayserlichen chammergericht, nemlichen: das zu recht erkhendt worden, das woe ain vatter oder mutter — sie seyen gleich leibliche oder gemachte elthern — ja willib standt vnabgetheylt ain testament mache, dass der oder dieselben elthern jren rechten vnd auch gemachten kindern also bald den zwaythentheil verfallen vnd one alle rechtfertigen zugeben schuldig seyen, es kommen gleich die güter hero woe sie wöllen, ja crefft des elthen landszprauch etc.
Einige Registraturbemerkungen auf der ersten Seite des Umschlagblattes von A mögen hier noch eine Stelle finden, insoferne sie uns amtlich in Kürze den Verlauf dessen wovon zuletzt die Rede gewesen vorführen. Nota — heisst es dortselbst — das weylundt dem hochwirdigen fursten bischoven Melchiorn etc. hochseliger gedechtnuss, als jre furstlichen gnaden anno 1544 ja die furstliche regirung kommen, solicher hirinnen vertzaichneter alter landtsbrauch copey etliche jahr hernacher, durch den alten herren landtschreibern Niclassen Diemern gestalt, von den damals gewesenen herren landtrichtern vnnd beysitzern dess kaiserlichen landtgerichts hertzogthumbs Francken vbergeben, vnd darinnen notwendige genedige einsehen zuhaben vnderthenig gepetten worden. als aber jre furstlichen gnaden eben der zeit solicher angestandener furstlicher regirung allerhandt beschwerliche vnd verhinderliche vrsachen besonder der furgefallenen kriegsleuff halben gehabt, darumb jre furstlichen gnaden zu verrichtung dieser sachen jhe nit kommen mögen, so haben doch jre furstlichen gnaden hernacher, als nemblichen anno etc. 57, eben diese vertzaichnete landtsbrauch dem obgemelten herrn landtschreibern durch jrer furstlichen gnaden refrendarium Schleenrith widerumb zustellen vnd danebem jme hesselben vnd vlferlegen lassen, soliche noch einst zunbersehen vnd woe denselben etwas weitters zuzusetzen dasselbig zuthun, furter jren furstlichen gnaden solches alles widerumb zuantworten, wolten sicsdan jre furstliche gnaden bedacht sein wie solichen dingen mit bestem nutz geholffen werden möcht; darauff dann obgedachter herr landtschreiber ain news vertzaichnes gemacht, wie dieselben bey der cantzley noch zu befinden vnd mit dem buchstaben B vermerckt ist.
Von diesen beiden Verzeichnissen der fränkischen Landesgebräuche verwahrt das wirzburger Archiv auch noch andere Exemplare. Beispielsweise allein in Fasc. 2 Num. 19 der Akten und Copialien aus dem Archive der Stadt Schweinfurt von dem ersten nicht weniger als drei, deren letztem noch zu den einzelnen Absätzen verschiedene theilweise beachtenswerthe Anmerkungen angefügt sind; von dem zweiten eines mit dem Datum vom Tage des Apostels Bartolomäus des Jahres 1557. Auch wird kaum zu bezweifeln sein dass nicht minder anderwärts sich noch weitere dergleichen finden.
Es hat überhaupt den Anschein, dass wenigstens das erstere dieser Verzeichnisse in doppelter Gestalt in Umlauf gekommen, einmal in der bekannten Form ohne besondere Anmerkungen, sodann aber auch so zu sagen mit Glossen. Vielleicht dienen einige Archiv- beziehungsweise Registraturbemerkungen welche sich bei den Akten finden als willkommene Vervollständigung zur Geschichte der Verhandlungen über die Landgerichtsordnung und die Landesgebräuche.

Abschnitte „von denen Gerichtern zu Würzburg" theilweise wortwörtlich auf ihr fusst, deren Mittheilung in der Beilage II wir aus mehrfachen Gründen nicht für überflüssig halten.

Dem bekannten Johann Schätzler von Salzfeld am Main verdanken wir in dieser Beziehung nachstehende Mittheilung:
Von landrechten landsgebreuchen vnd landgericht ist ein grosser buschel im obern gewelb bei m[agister] Lorentz Frisen registratur gelegen, desgleichen drei stuck so in der landgerichts laden jm stuble in der cantzlej gelegen, das alles ist doctor Hieronimj Geisen zu vbersch[reiben] zugestellt worden am freitag nach Thome apostolj anno 59.
Solche landgerichtsgebrauch hat er am donerstag nach quasimodogenitj anno 60 in einem schwartzen sack in die cantzlei geben, vnd angetzaigt er hab vber zwen puncten nit ersehen, hab der cantzler ime beuolhen er sol die sachen einstellen: dan er — doctor Geiss — sol vnd muss zu der visitation vnd marggrauisch reuision gen Speier, vnd vf nechsten sontag aufsein.
Unmittelbar darnach stehen noch folgende Bemerkungen, nicht mehr von Schätzlers Hand:
Vertzaichnus etzlicher veblicher landspreuch von Niclasen Diemern landschreibern anno 57 gestelt cum glossis et concordantijs legalibus insertis etc. hab jch dem herrn referendario jn bey sein secretarij Schetzlers jn den räthen zugeprauchen vbergeben 3 julij anno 66. soll wider zu denn landspreuchen jn der registratur truehen erlegt werden.
Vertzaichnus etzlicher veblicher landspreuch, von Niclasen Diemern landschreibern anno 57 den herrn räthen jn die cantzley zu bedenken vbergeben (sine glossis legalibus), geben' eidem herrn referendario ju causa Hansen Jorgen zugeprauchen, presente eodem et Schetzlero, [?] januarij anno 68.
Hierin liegt Beweis genug dass Fürstbischof Friedrich aus dem Geschlechte von Wirsberg so wenig als seine Vorgänger die betreffenden Fragen in Vergessenheit gerathen lassen wollte. Im Gegentheile sollte die Sache bald ihrem Schlusse entgegen reifen.
Vielleicht gehört in diese Zeit eine wie es den Anschein hat zur Stunde nicht mehr ganz vollständige Anzahl von Lagen mit Vorschlägen und Verbesserungen an den Entwürfen von des Fürstbischofs Melchior gerichtlichem Prozesse und zu der Landgerichtsordnung, wohl aus den sechziger Jahren.
Gegen Ende des Monats April des Jahres 1569 erging unter Mittheilung eines Exemplares der Landesgebräuche — vgl. Schmeidt a. a. O. I S. 29 und 50 oder auch S. 268 und 269 — der Befehl an den Landschreiber Niklas Diemer und den angehenden oder Vicelandschreiber Niklas Nansam, sie sollten diese alten Landesgebräuche lesen, dieselben abschreiben, und sodann wieder in die Kanzlei überantworten lassen, auch darauf dem Landesherrn „ein lautters specification vnd schriftliche vertzaichnus geben, in was sachen, vnd zwischen welchen partheyen, solchen alten gepreuchen zentgegen, diewail sie beede im ambt gewesen, durch ermelt landtgericht geurtheilt vnd gesprochen worden." Desgleichen solle fortan wider dieselben „do sich die fell itzo oder kunftiglich an gedachtem landtgericht antragen von einem landgericht" ohne des Fürstbischofes „sonderliche vorwissen vnd weittern bescheaid nit nichten ichtes geurtheilt oder gesprochen werden, welches sie beede den landgerichts assessorn auch alleo antzaigen sollen, sich darnach haben zu verhalten." Hienach wurden auch nach einem Eintrage in den Rathsprotokollen Fol. 108' und 109 zum letzten April des Jahres 1569 — vgl. auch oben S. 235 — die beiden genannten Gerichtspersonen von dem Vicekanzler Dr. Hieronymus Hofmann auf der Kanzlei

Von welchem unmittelbar praktischen Einflusse endlich im besonderen
seine Arbeit über die fränkischen Landesbräuche auf die

---

in Kenntniss gesetzt, dass aus Anlass verschiedener Mängel in den Landesgebräuchen der
Fürstbischof nach Berathschlagung mit seinen Räthen vor seiner Abreise verfügt habe,
eben „die alten beschribenen landespranch so bey guetten leuthen vnd der cantzley befunden worden inen den beeden landschreibern zutzustellen." Auf des alten Landschreibers
Bemerkung, dass diese Arbeit mit ausserordentlicher Mühe verbanden, entgegnete der Vicekanzler, weil in Erfahrung gekommen, dass hier und dort wider die alten Landesgebräuche
gesprochen und geurtheilt worden sein solle, wolle der Fürstbischof „dessen vnd in was
fellen es geschehen ein grundt haben, vnd alsdann statliche verordnung thun vom gantzen
werck vnd khunfftiger guetter richtigkhait solcher landsspreuch zu reden vnd zu handlen."
Hiebei sei aber „die mainung nit, das die nachsuchung eben so baldt in wenig tagen,
sondern mit guetter gelegenhait" zu geschehen habe. Mittlerweile indessen sollten weder
sie noch die Procuratoren „wider solche alte landsprench nicht rathen, oder darwider
etwas geschehen lassen."
Am 27. Juli 1569 erfolgte die Erklärung des Landschreibers und des Vicelandschreibers, welche bei Schneidt a. a. O. I S 269 – 284 gedruckt ist.
Am 5. Juli des folgenden Jahres liess Fürstbischof Friedrich nach Berathschlagung und
Beschlussfassung mit seinen Räthen durch eine aus dem Hofmeister, dem Vicekanzler, und dem Referendar bestehende Commission beim Landrichter und
den Beisitzern des kaiserlichen Landgerichts bezüglich der Kenntniss des alten und rechten
Landsgebrauches nach dem Rathsprotokolle Fol. 119' und 132' anbringen, er habe bei der
Kanzlei und sonst in sichere Erfahrung gebracht, dass seinem „vorfarn seligen bischoven
Conraden des geschlechts von Tungen nunmehr fast vor ettlich vnnd dreissig jarn ein
beschribene verzaichnus ettlicher altten landsgepreuch durch die damals vnd zur selben
zeit gewesene landrichter — als herrn Daniels Stiburn etc. — vnnd beysitzere vbberraicht
vnd zugstelt worden, allerdings der mainung vnd darumb das nit allein dieselben sonder
auch noch andere mehr aus den alten landgerichtsbüchern wölten zusamen gezogen vnd
furter zu offenem truckh gepracht worden sein." Hieran knüpfte er nach dem mehr
bemerkten Rathsprotokolle Fol. 119'—120' oder auch Fol. 132'—133 folgenden Befehl,
den wir wegen der Wichtigkeit des Gegenstandes unverkürzt mittheilen wollen: das herrn
landrichter vnd beysitzere sich der verzaichneten altten landsgepreuchen — besonder den
zwaitten tail, die machung einer khindschafft, die testament vnd andere vermechtnus belangend — wie dieselben dann ire furstlichen gnaden alberait dem altten vnnd neuen
landschreibern den verschinen dreissigisten aprilis jungst abgeloffenen nemundsechzigisten
jars vberantwortten vnd zustellen lassen, vnnd alle landgerichtspersonen darauff gelobt
vnnd geschworn seindt, allerdings gemess verhalten, ire vrtl vnd beschaid hinfuro vleissig
darnach regulirn vnnd richten sollen, doch wovern bissher in neulichen verlosenen jarn
vmb der obangeregten entstandener zweifel willen solchen altten verzaichneten landsgepreuchen zuegegen geurteilt vnd varabschied sein möcht, auch dasselbig alberait in sein
warckhung khomen vnd voltzogen, oder auch biss dahero nit geclagt noch gesucht worden,
dabey soll es pleiben. was aber die bisshero noch vnerörtterte fell vnnd sachen — vf dem
altten landsgepranch stehendt — anlangt, sie seyen gleich alberait rechthengig oder nit,
dann auch disse fell so sich itzt nach dato vnd doch vor dem heyligen patronen vnd merterers sanct Chilians tag diss sibentzigisten jarn durch tödliche oder in ander weg, solche
alte landspreuch betreffende, noch zutragen wurden, darüber eine oder die ander parthey

umfassenden Verhandlungen gewesen welche hierüber unter der Regirung des Fürstbischofes Konrad III aus dem Geschlechte von Thüngen im

auch beschaid haben wollte, so sollen dieselben anstehende partheyen vom landgericht vmb resolution vnd antwort ieder zeit für vnd an hochgedachten vnsern gnedigen herrn von Wirtzburg etc. remittirt vnd gewisen, auch durch irn furstliche gnaden oder daro benelchhaber furiter nach gestalt vnd gelegenhait einer ieden sachen notturfftig gehört vnd der gepur verabschied werden, was auch also vnd hinfuro vff solche alte gepreuch geurtailt wurdt, sollen alwegen in dieselben vrtheil dise wort „In Crafft des alten Landgebrauchs Hertzogthumbs Francken" gesetzt, vnd dardurch solche alte gepreuch desto mehr gehandhabt, vnd in khein vergessen gestelt: vnnd auch so solche sachen furter per appellationen in anderer instantzen für irer f. g. cantzley khomen, so soll der ortten denselben zuwider nichts geurtheilt, sonder bei den landgerichts vrteiln also ieder zeit gelassen, ratificirt vnd becrefftigt werden, wie dann solches alles ire f. g. dero cantzley rethen vnd richtern vmb geburender nachrichtung wegen gleicher gestalt deme allem zu geleben vnd nachzukomen auch wissent machen, benelben vnd vferlegen wolten. es sollen auch herrn landrichter vnd beysitzere hinfuro kheinen doctor mehr, wie bissbero benerlichen vnd wider den alten gepranch — nit zu geringem dardurch gemachten argwon vnnd nachgedencken — bescheben, in den gewonlichen haltenden landgerichten zu sich setzen noch gepranchen, sonder wo sie ieder zeit in fürfallenden sachen sich mit miteinander vergleichen möchten iren rath bey hochgedachtem vnserm gnedigen fursten vnd herrn, irer f. g. hoff- vnd cantzley rethen, oder an wem ire f. g. sie weisen werden suchen, wie dann zuvor ie vnd alwegen von alters auch herkomen vnd gepreuchlich gewesen. item das von herrn landrichter, beysitzern, vnd lanndtschreibern allen gelobten vnd geschwornen auch auszlendischen procuratorn vnd anwälden so an ermeltem landgericht ieder zeit mit handlungen furkhomen zuforderst vndersagt werden soll, das sie sich in allen iren schrifften vnd producten so sie der ortten gerichtlich einlegen wöllen der lateinischen text vnd wörtter — dardurch die beysitzer als adeliche laien vnd der geschriebenen rechten vnerfarnen personen bisshero mehr irr dann berichtlich gemacht worden — gentzlich enssern vnd enthalten, vnd ire notturfft durchaus in teutscher sprach, wie vor alter herkhomen, damit die beysitzer vnd vrtailer alle sachen desto pesser vnd vnzweifenlicher versteen vnd darüber vrtailn mögen, schreiben vnnd furpringen sollen, bey straff verwerfung der producten, vnd anderer pues, nach erkhandnus des herrn landrichters, doch mit der zulassung, die ort vnd ende der bucher da ire angezogene rechtsgrundt geschriben zu finden seyen neben vff die seitten herauss solcher irer einpringenden schrifften lateinisch zu verzaichnen. desgleichen sollen auch alle schrifften vnd producten so von gemelten procuratorn oder anwelden eingepracht werden durch die advocaten vnd jenige sie begriffen vnd gemacht ieder zeit mit aigner handt vnterschriben sein, dann aus vnterlassung eines solchen die partheyen bisshero in gar vil weg offtermals an schaden, auch bisszwein zu verlust irer rechten gentzlich gepracht worden seindt. wurde aber hierüber in einer oder mehr schrifften vnd producten, darauff dann die procuratores vnd anwäldt ehe sie dieselben gerichtlich vbergeben gut acht haben sollen, solche subscription nit gefunden, sollen dieselben nit allein nit angenomen, sonder auch der procurator vnd anwaldt so sie vbergibt desshalben vmb ein gulden iedesmals gestrafft werden.

Es ist nicht vnwahrscheinlich, dass hierin die Veranlassung für den Abschluss der Arbeit oben des Rathes und Referendars Magister Georg Schleenrieth über die fränkischen Landesgebräuche zu suchen, welche in verschiedenen Exemplaren Verbreitung gefunden.

zweiten Viertel des sechzehnten Jahrhunderts begannen, und bis in den Anfang des letzten Viertels desselben fort unter den Fürstbischöfen

Einem derselben liegt eine Widmung von ihm vom 2. September 1570 bei. Nach einem anderen im allgemeinen Reichsarchive verehrte er sie am 20. September dieses Jahres der Stadt Geroldshofen. Ein weiteres übersendete er mit Zuschrift vom 4. Dezember desselben Jahres dem Stifte Neumünster in Wirzburg. Es mag hierüber Schneidt a. a. O. II S. 897 bis 933 verglichen werden.

Im Übrigen darf nicht unbemerkt bleiben, dass auf den vorhin erwähnten Erlass vom 5. Juli von Seiten der Landgerichtsbeisitzer am 16. November 1570 der Versuch gemacht wurde, Bedenken geltend zu machen, auf welche indessen ganz einfach der Fürstbischof nach Erlass vom 6. März 1571 nicht einging, und weiter — damit der Landesgebräuche halber im Land- und Kanzleigerichte Gleichheit herrsche — unterm 20. Jänner 1572 anordnete, dass die Kanzleirichter und Räthe jenem landesherrlichen Vorhalte bezüglich der Landesgebräuche und der Subscription der Produkte gleichergestalt Vollziehung zu leisten und nicht dawider zu handeln hätten: wie dan ire furstliche gnaden solches also gehept haben, vnd sich dessen entlich verlassen wollen, das einmal ire furstlichen gnaden nit gemaindt, in solchen des stiffts vnd hertzogthumbs Franckhen vralten landesgepreuchen etwas zu endern oder neues zu machen, sondern gleicher gestalt wie irer furstlichen gnaden lobliche vorfarn selige dieselben vralten gewonhaiten vnd gepreuch nochmals allerdings zu handthaben bestendig vnd crefftig pleiben zu lassen.

Gegen Ende des folgenden Jahres rief der Tod den Fürstbischof Friedrich vom Schauplatze ab. Sein Nachfolger aber, der thatkräftige Julius aus dem Geschlechte der Echter von Mespelbrunn, liess das einmal so weit geführte Werk nicht ruhen.

Kann schon zum Jahre 1566 ein Schreiben des Johann Adam von Grumbach vom Bartolomäustage angeführt werden welches er an den Fürsten auf dessen Auftrag um ein Verzeichniss derjenigen Adeligen und sonstigen Personen welche sich dem Zwange des kaiserlichen Landgerichtes entzögen gerichtet, so erübrigt auch eine bis in das Jahr 1574 reichende Aufzählung von Adeligen welche für sich und ihre Unterthanen das gethan.

Wichtig insbesondere ist der Monat Juli dieses Jahres 1574.

Am dreizehnten desselben nämlich erfolgte ein Ausschreiben des Fürstbischofs Julius an eine Reihe von Städten des Hochstiftes mit der Aufforderung zur Beantwortung von 14 besonders gestellten Fragen bezüglich der Landesgebräuche. Zwei Tage darnach übergab der neben anderen auch zur Prüfung der Zusammenstellung der Landesgebräuche abgeordnet gewesene Landschreiber Niklas Diemer seine Bedenken über einige Punkte derselben worüber noch keine Einigung erzielt worden, insbesondere über die drei noch streitigen hauptsächlich wichtigen Fragen, nämlich „wie weit sich die einkindtschafft soll erstrecken, zum andern wann sie soll vffhören oder ausgehen, zum dritten ob ein rechter naturlicher vatter oder mutter solle macht haben aus guten rechtmessigen vnd billichen vrsachen seinen selbst eignen legitimam gar oder zum theil — onangesehen das er oder sie jhre kinder noch nit von jhnen abgetheilt — jhmandts zuuermachen oder sonst ein disposition inter liberos vffzurichten."

Von grossem Interesse sind natürlich die im wirzburger Archive hinterliegenden auf das vorhin erwähnte landesherrliche Ausschreiben noch im Jahre 1574 und von der Stadt Wirzburg im Jahre 1575 eingelaufenen Originalberichte über die 14 Punkte sammt der hieraus gefertigten Zusammenstellung des Befundes für die einzelnen Fragen, je nachdem

Konrad IV von Bibra, Melchior von Zobel, Friedrich von Wirsberg, und dem so berühmten Julius aus dem Geschlechte der Echter von Mespelbrunn gepflogen wurden, wie nicht minder auf des letztgenannten Landgerichtsordnung, von Kaiser Rudolf II am 20. Mai 1580 bestätigt, und namentlich auf den heutzutage noch für das fränkisch-wirzburgische Landrecht so höchst bedeutenden dritten Theil der Landgerichtsordnung des nach dem am 13. September 1617 erfolgten Absterben des Fürstbischofes Julius an die Regirung gelangten Johann Gottfried aus dem Geschlechte von Aschhausen vom Jahre 1618, zu Wirzburg in diesem Jahre gedruckt und im folgenden mit einem neuen veränderten Titelblatte versehen, von Kaiser Ferdinand II am 16. Oktober 1622 bestätigt, im Jahre 1733 abermals und weiter im ersten Bande der Sammlung der hochfürstlich wirzburgischen Landesverordnungen unter Num. XIX

beigestimmt, nicht beigestimmt, oder Unbekanntschaft mit den obwaltenden Verhältnissen angegeben worden. Abgesehen von Wirzburg selbst sind hier vertreten: Arnstein, Bischofsheim vor der Röhn, Dettelbach, Ebern, Eibelstadt, Eltmain, Fladungen, Frickenhausen, Gemünden, Geroldshofen, Hassfurt, Heidingsfeld, Iphofen, Karlstadt, Königshofen, Melrichstadt, Münnerstadt, Neustadt, Ochsenfurt, Schlüsselfeld, Sesslach, Volkach. Von Röttingen und Rothenfels sind entweder keine Berichte eingekommen, oder sie sind anderwärts oder auch verloren.

Ein besseres Material als nunmehr seit so und so vielen Jahrzehnten vorlag war kaum mehr zu erhalten. Es handelte sich daher jetzt nur um den endlichen Abschluss. Es liegt uns denn auch das Protokoll der Berathungen über die „Verbesserung des Landgerichts" beziehungsweise die Landgerichtsordnung vom 4. bis 16. Mai 1576 noch vor. In demselben findet sich auch lose ein Schreiben des zu einer der Sitzungen zu kommen verhinderten Kanzlers an einen gewissen Konrad N, worin er sich vollständig mit den Ansichten des Referenten Hartmann übereinstimmend erklärt.

So stand denn dem Erlasse der umfassenden Landgerichtsordnung mit Einschluss der Landesgebräuche kein ernstliches Bedenken mehr im Wege, und sie wurde dem Kaiser Rudolf II zur Bestätigung unterbreitet, welche sie auch am 20. Mai 1580 erlangte. Ihr Inhalt ist aus Schneidt's Thesaurus II S. 943—976 zu ersehen, woselbst sich auch ihr Verhältniss zu jener vom Jahre 1618 ergibt, welche Kaiser Ferdinand II am 16. Oktober 1622 bestätigte.

Wir legen diesen aktenmässigen Nachweisen keine andere Bedeutung bei als die von Bruchstücken zur Geschichte der fränkischen Landgerichtsordnung und der fränkischen Landesgebräuche welche uns unter den Schätzen des wirzburger Archives begegnet sind. Doch haben wir geglaubt, wenigstens darauf aufmerksam machen zu sollen. Mögen sie dem einen oder anderen der fränkischen Rechtsgelehrten Veranlassung werden, diesem gewiss höchst anziehenden Gegenstande an der Hand dieser Quellen im einzelnen schärfer wie unter Berücksichtigung der übrigen noch ferner vorhandenen amtlichen Hilfsmittel weiter nachzugehen!

S. 45—212 im Jahre 1776 neu abgedruckt, welcher dritte Theil — die gemeinsamen Rechtsgewohnheiten des ostfränkischen Stammes behandelnd wie sie in und ausserhalb der Gränzen des Hochstiftes Wirzburg von Alter her überliefert waren, und daher in allen Rechtssachen welche solche in Franken einheimische Rechtsinstitute wie beispielsweise die Einkindschaft betreffen von gewichtiger Autorität — eben das Grundgesetz des wirzburger Landrechtes ist, da ihm der Vorzug vor dem nur subsidiär giltigen gemeinen Rechte eingeräumt ist, und die dortselbst aufgenommenen Landesgewohnheiten jetzt keines Beweises mehr bedürfen, das erfordert schon nach allem was beispielsweise Heinrich Christian Reichsfreiherr v. Senckenberg im Anhange zu seiner „Abhandlung von der wichtigen Lehre von der kaiserlichen höchsten Gerichtbarkeit in Deutschland" S. 33—136, und insbesondere unser Josef Maria Schneidt sowohl in besonderen Abhandlungen als namentlich in seinem Thesaurus juris franconici I S. 3—34, 94—192, 195—224, 225—267, 268—269—284, II 897—933, 943—976, wie in seinen Elementa juris franconici seu wirceburgensis privati hodierni §. XIII S. 33—36 und §. XXII S. 50—53 beziehungsweise im Thesaurus I S. 3503—3506 und S. 3520—3523 hierüber veröffentlicht, wozu aus neuerer Zeit in Kürze auch noch auf die Geschichte der Gesetzgebung in dem ehemaligen Hochstifte Wirzburg von H. v. Schelhass §. 6—19 S. 6—22, auf v. Webers Darstellung der sämmtlichen Provincial- und Statutarrechte des Königreiches Baiern III Th. 1 §. 3 S. 28—30, und aus neuester Zeit auf §. 2—4 der Einleitung zur Darstellung des heutigen wirzburger Landrechtes von W. v. Schelhass verwiesen sein mag, keiner langen Auseinandersetzung.

Kömmt uns nun auch natürlich aus mehrfachen Gründen nicht in den Sinn, uns dem Wahne hinzugeben als ob wir bei dieser unserer Abhandlung irgendwie erschöpfend verfahren seien, was wir ja — ganz abgesehen von anderem — schon bei dem Mangel an Zeit hiefür nicht konnten, immerhin dürfen wir doch wohl das Verdienst in Anspruch nehmen, zur Würdigung des **Lorenz Fries** jedenfalls in den **Gesichtspunkten welche wir zum Gegenstande unserer**

Untersuchung gewählt, ja vielleicht auch darüber hinaus zur allgemeineren Würdigung des grossen Mannes in seinem gesammten Wirken, ein Schärflein beigetragen zu haben.

Mögen andere welchen mehr Musse — und zwar an Ort und Stelle selbst — gegönnt ist diese Studien, die dürftigen wissenschaftlichen Abfälle spärlicher Feierstunden eines von Amtsgeschäften der mannigfachsten Art in Anspruch genommenen Aufenthaltes in der trauten Geburtsstadt, zum Frommen der fränkisch - wirzburgischen Rechtsgeschichte mit derselben Hingebung verfolgen und zu einem gedeihlichen Ziele führen!

Beilage I zu Seite 224 Note 3.

Freihait der juden zu Wirtzburg vnd allenthalben im stifft.

Jnen durch bischof Johannsen von Eglofstain gegeben:

Si mogen ire habe ein vnd aus dem stifft fueren, vnd damit zu irem besten nutz handlen an kauffen verkauffen leihen vnd geben.

Si sollen vor des stiffts gerichten — gaistlichen oder weltlichen — nit bekomert noch beschwert werden, noch zu recht stehn, sunder gerecht werden vor lrer schnele.

Si sollen anders nit dan mit zwain vnuersprochen christen oder zwaien juden an gerichten vberwisen werden.

Si sollen von allem statgericht vnd gesetze an bete, detzen, steuren, oder anderer schatzung frei sein, auch gein anderen fursten heren vnd grauen derwegen zum besten geschutzt vnd vertaidingt werden.

Si sollen allain in des fursten camer oder dem es von ime beuolhen wurt gehorsam sein vnd gewarten mit gebung ires jerlichen zinsz.

Der furst vnd seine amptleute sollen inen furderlich vnd beholfen sein, ire schulde vnd was si an des stiffts gerichten erclagt haben eintzubringen.

Jnen solle for ir schulde kain acker wisen weingarten oder andere erbe, auch kain ander farung dan golt silber edelgestain vnd claidere zugetailt werden.

Si mogen vff weihtag oder weihnacht mit oder on vrlaub sich hinweg thun vnuerhindert, doch das si ir gult vnd schulde betzalt haben.

Vnd wan der furst solche gegebene freihait widerruffen will, das sol er jnen ain halb jar zuuor zuwissen thun, sich darnach mögen gerichten.

Rubricata contractuum Eglofstain fol. 7 — 7'.

Bischof Johannsen von Brun freihait, den juden zu Wirtzburg vnd allenthalben im stifft gegeben am tag Dorothee anno etc. 1412, heltet ongenerlich die obgemelten puncten jnen, vnd des mer:

das si vf kainen kelch, meszgewant, vnd buchsen darin man das hailig sacrament, vnd vf blutig naaz gewand leihen sollen,

das si allein vor iren schuelen gerecht werden sollen, nemlich vor ainem christen vnd ainem juden,

das der furst si in irem abzug verglaitten solle,

das man wider die juden kain newickait erfinden noch machen solle,

das inen der flaischkauffe frei vnd vonerhindert zugelassen sein,

das dise freihait trei jare weren, vnd ain ieder jud seinen zins vf Martini entrichten solte. Rubricata in diuers. formarum Brun fol. 13 — 14.

Anno 1414 am mitwochen nach Margarethe hat bischof Johanns von Brun den juden solche freihait 8 jarlang erstrecket, vnd zum tail wol gebessert, doch mit dem anhang das si kain kaufmanschatz treiben sunderlich mit wein vnd getraidt, auch vff kain zerbrochen kelch, meszgewant, meszbuecher, vnd was zur messe gehort, name heute, vnd blutig gewand leihen. rubricata in diners. formarum Brun fol. 40 vnd 41.

Anno 1421 witwochen nach Lucie hat er inen solche freihait schutz vnd schirm 4 jarlang erstrecket. rubricata diuers. form. Brun fol. 102' — 103.

Anno 1422 hat bischof Johanns von Brun den juden zu Schweinfurt ain freihait geben donerstags vor Michaelis. rubricata in diuersarum formarum Brun fol. 113 vnd 113'.

Anno 1429 am freitag nach obersten hat bischof Johanns von Brun Hannsen Wentzeln burgeren vnd metzleren zu Wirtzburg den judenkirchhof zu Blaichach mit den zwaien daran gelegenen heusseren erblich verkaufft vf widerlosung fur viiij^c fl. darumb er ime flaisch gein hof geben. rubricata in contractuum Brun fol. 82 — 83.

Darnach anno 1437 am mitwochen vor Martini hat bischof Johanns von Brun etlichen sunderen juden zusamen ain freihait brief geben funff jare lang werend. libro diuers. formarum Brun fol. 274 — 275.

Bischof Gotfrid von Limpurg hat anno 1445 am samstag [1]) vor Walpurgis den juden zu Wirtzburg vnd im gantzen stiffte die freihait so ine seine vorfaren gegeben wider vernewet. rubricata in diuers. formarum Limpurg fol. 54 — 55'.

Obgemelter Hanns Wentzel metzler hat den judenkirchhof oder garten gewendt, vnd ain weingarten daraus gemacht, aber vmb das jare 1445 hat bischof Gotfrid von Limpurg solchen garten von gedachtem Hannsen Wentzelen wider an sich vnd den stifft bracht,

---

1) In der Handschrift stehl: dinstag.

vnd denselbigen furter den juden zu Wirtzburg fur iiij° fl. barn gelts vnd ainen ewigen jherlichen zinss — nemlich 35 fl. — wider verkaufft, vnd inen vergönet denselben zu ainer begrebnus zugebrauchen. ist beschehen am donerstag nach Jubilate anno 1446. rubricata in dinersarum form. Limpurg fol. 107 vnd 107'.

Es vnterstunden sich derselben zeit der domprobstei verwalters zu Wirtzburg, von den bèren des judengarten wie von anderen weingarten zehent zuuorderen. aber bischof Gotfrid, vf den si von beden tailen zu guetlichem entschied kamen, sprach aus, solang diser gart bei den juden bleiben wurde, das si ainigen zehend danon zugeben nit schuldig sein solten. actum mitwochen nach allerhailigen tag anno 1446. rubricata in dinersarum formarum Limpurg fol. 81' vnd 82.

Anno supradicto 1446 vf liechtmess abend hat bischof Gotfrid die juden steur zu Wirtzburg — iiij° fl. — graue Georgen von Hennenberg verpfendet. rubricata in contractuum Limpurg fol. 65' — 66'.

Obgenante 35 fl. jherlichs zins den die juden von irem kirchof zugeben schuldig hat bischof Gotfrid von Limpurg seinem secretari Johann Treutwein vnd seiner hausfrawen ir beder lebenlang ans zu leibgeding verschriben fur 328 fl. kauffsumma am mitwochen vor Galli anno 1449. rubricata contractuum Limpurg fol. 128 — 129.

Ainem Johann Beringer genant, Otilien seiner hausfrawen, vnd iren beden erben ware das bruckengerichtschreiberambt verpfendet fur iiij° fl. als aber er Johann Beringer mit dot abging, vnd sein hausfraw solch ambt nit mer statlich verwalten kante, wechselt obgenanter Johann Treutwein mit ir, vnd gab ir vnd ihrer dochter sein verschriben leibgeding vf der jherlichen verzinsung des judenkirchofs, vnd name er darfur das bruckengerichtschreiberambt mit verwilligung bischof Gotfriden. actum am tag Viti anno 1453. rubricata contractuum Limpurg folio 205 — 206'.

Eben derselben zeit clagten die vnterthanen allenthalben im stiffte, wie si so merklichen von den juden beschwerdt vnd verderbt wurden. darumb name bischof Gotfrid von Limpurg ain ernstliche ordnung vnd satzung fur, alle juden aus dem stifft zuuertreiben. ist registrirt in dinersarum form. Limpurg fol. 188.

Vnd kame solchs furnemen am maisten vf anhalten vnd gebote cardinals Nicolai de Cusa, bapst Niclausen des funfften legaten, der vmb vertreibung der juden hefftig arbaite.

Als aber kurtzlich darauf bischof Gotfrid von Limpurg bei dem gemelten bapst Nicolao erlangt, das solch verbot abgeschafft, auch durch seinen nachkomen bapst Calixten vnbundig erkent warde, liesse bischof Johanns von Grunbach am mitwochen vor Lucie anno 1456 ain gemain mandat allenthalben im stifft ausgehn, das man den juden zu bezalung irer schulden recht ergehn vnd helffen sollte wie vor alter herkomen. rubricata in j contractuum Rudolfi fol. 293' vnd 294.

Anno 1457 am sontag Reminiscere hat bischof Johanns von Grunbach Jacob Juden zu Rotenburg geschriben, vnd ime bis vf widerruffen beuolhen, der juden zu Wirtzburg richter zu sein. rubricata in j contractuum Rudolfi fol. 315.

Anno 1467 am dinstag nach Bonifacij hat bischof Rudolf ain ordnung furgenommen vnd im stifft ausgeschriben, wie es mit leibung vnd gesuch, auch rechnung vnd bezalung desselben hinfur zwischen den christen vnd juden gehalten werden solle. rubricata in j contractuum Rudolfi fol. 371 vnd 371'.

Solche ordnung hat er bischof Rudolf vff anhalten vnd bits graue Wilhelmen von Henneoberg vnd beren Michels von Schwartzenberg des jungeren gegen iren juden ercleret am mitwochen nach Thome des obgemelten 1467 jars. rubricata eod. libr. j contractuum Rudolfi fol. 373 vnd 374.

Anno 1477 am tag Viti hat bischof Rudolf abermals ain ordnung gemacht vnd allenthalben verkunden lassen, wie es furter zwischen den christen vnd juden mit dem leihen vnd gesuche daruon gehalten, desgleichen was die juden von ainem gulden alter schulde nemen sollen. rubricata in primo contractuum Rudolfi fol. 496—497.

Anno 1479 am sontag Letare hat bischof Rudolf etliche juden zu Schweinfurt vmb ainen jerlichen zins in seinen verspruch schutz vnd glait vier jarlang angenomen. rubricata j contractuum Rudolfi fol. 441. vnd nach ausgang solcher vier jare ist inen diser verspruch etc. noch vier jare lenger erstreckt worden, vt ibidem.

Anno 1485 am dinstag nach Antonij hat bischof Rudolf ain gebot ausgehn lassen, das ain jeder jude zu Wirtzburg der haus hielte das jar vber xij fl. zu tzins geben, vnd nit mer dan ain knecht vnd ain maid haben, das auch ire söne dochtere vnd ander gesinde on vertrag mit seinen furstlichen gnaden nit leihen solten. rubricata in 3° contractuum Rudolfi fol. 201 vnd 201'.

Anno 1488 am montag nach Francisci haben sich bischof Rudolf, auch her Fridrich vnd her Sigmund gebruedere marggrauen zu Onoldsbach¹) mit ainander verainigt vnd verglichen, hinfur kainen juden in iren furstentumben obrickaiten oder gebieten wonen zulassen. rubricata in 4 contractuum Rudolfi fol. 99—101.

Vnd sind die juden in beder fursten obrickait gesessen in crafft des ietz gemelten furstlichen vertrags oder verainigung mit iren schuldigeren den christen vertragen vnd gerichtet worden²) am dinstag nach Bartholmei anno 1489.

Aber gar bald nach bischof Rudolfen dotlichen abgang fingen die juden an, sich haimlich wieder gein Wirtzburg vnd sunst vmb vnd vmb im stifft eintzuschlaichen, darumb bischof Lorentz allenthalben an die amptleute schrib vnd benalhe das si kainen juden einkomen vnd bei jnen wonen lassen wolten. geschehen donerstag nach Alexij anno 1496. rubricata in j contractuum Laurentij fol. 35 vnd 35'.

Solch gebot hat er bischof Lorentz im 1508 jare wider vernewet vnd ernstlich

---

1) Ursprünglich stand: Brandenburg.
2) Hiezu ist am Rande von späterer Hand bemerkt: Ist ein alt gros Verzaichnus deshalb vorhanden.

zuhalten beuolhen am freitag nach dem christtag. rubricata in diuersarum formarum eius fol. 84.

Anno 1509 am sontag Judica liesse bischof Lorentz abermals ain ernstlich verbot im stifft ausgehn, das kain vnterthan von den juden entlehen, kain jud den vnterthanen leihen solte, bei merklichen penen vnd strafe. rubricata in 2 contractuum Laurentij fol. 131' vnd 132.

Vnd als ongeuerlich derselben zeit bischof Lorentz die stat Haidingsfelt von heren Christofen von Gutenstain an den stifft Wirtzburg bracht, darin dan etliche juden sassen, liesse bischof Lorentz dieselben vmb ainen jherlichen zinse — nemlich 120 fl. — da bleiben; gabe aber inen ain ordnung wes sie sich mit dem leihen, pfanden, kauffen vnd verkauffeu halten solten. actum montag nach Martinj anno 1508. rubricata in diuersarum formarum Laurentij fol. 90 vnd 90'.

Anno 1522 hat kaiser Carl der funfft das guldein opfer von den juden im stifft Wirtzburg einuorderen lassen durch Jobsten Marckarten von Hailprun, dem dann bischof Conrat von Thungen ain paszbrief geben hat, seinen beuelhe vnuerhindert auszurichten, am dinstag nach Reminiscere anno quo supra. rubricata in diuersarum Laurentij fol. 136.

Darnach im 1530 jare schickt Carl der 5 obgemelt seinen rath vnd diener Casparn von Vsenwangen, das guldein opfer von den juden im stifft Wirtzburg wonend einzubringen, das ist von ieder persone, frawen, manne, jung oder alt, ain reinischen guldein. vnd nachdem derselben zeit bischof Conrat von Thungen vf dem reichstag zu Augspurg ware, gaben im seiner furstlichen gnaden statthaltere ain paszbrieue, seinen kaiserlichen beuelhe auszurichten, am sambstag nach Egidij anno quo supra. rubricata in diuersarum formarum eiusdem fol. 198'.

Die juden zu Wirtzburg geben jerlich 55 fl. zu steur an golde allwegen vf den tag Kiliani. Als si aber etliche jare solchen zinse nit gar bezalten, wart solchen ausstands vnd kunfftiger bezalung halben durch die furstlichen ruethe ain vertrag gemacht freitag nach Erhardj anno 1536. rubricata in j contractuum Conradj fol. 112' vnd 113.

Anno 1530 verglichen sich kaiser Carl der funfft vnd andere rejchssteude vf dem reichstag zu Augspurg gehalten, das die wucherenden juden im reich nit gehaust gehalten gehandhabt noch verglaitt, auch inen am gericht nit geholfen oder gericht werden solte, welchs statut im volgenden 1532 jare vf dem reichstag zu Regenspurg gemelter kaiser Carl vnd gemaine stende wider vernewten vnd roborirten, auch bischof Conrad von Thungen alleuthalben im stifft ausgehn vnd gebietten liesse, das sich die juden der wucherlichen contract enthalten, vnd sich mit zimlicher handtierung vnd hantarbait erneren solten.

Als aber solchs von den juden nit gehalten sondern vbertretten warde, verbote er bischof Conrat von newem, das die wucherenden juden nit gehalten noch verglaitet werden, vnd was si bisher ausgelihen jnen allain vmb die haubtsum, was si aber furter leihen wurden allain vmb den halb tail on allen wucher vnd gesuche vnd nit mer verholfen, auch die vnterthanen so also vmb wucher vfnemen geburlicher weis gestrafft werden sollen. actum am sambstag nach Francisci anno 1537.
Rubricata j diuers. form. Conradj fol. 52' vnd 53, 254' vnd 255.

Anno 1541 am dinstag nach Margarethe hat bischof Conrat von Bibra Baruch Juden goltschmiden mit ainer masen zu Schwartzach in der stat zuwonen vergont bis vf widerruffen. rubricata in 2 diuersarum formarum Conradj fol. 28 — 29.
Anno 1542 hat bischof Conrat von Bibra Abraham Juden zu Schwanfeld in schutz vnd schirm genomen am montag nach Marie Magdalene. rubricata 2 diuersarum form. Conradj fol. 48 b vnd 48 b'.

Wie derselb Abraham Jud furter von bischof Melchiorn am mitwochen nach Egidij des 1545 jars in schutz vnd schirm genomen sei, auch 2 diuersarum formarum fol. 120'.
Anno 1542 vf freitag nach Laurentij hat bischof Conrat von Bibra ain mandat ausgehn lassen, das ain iede auswendige juden persone, frawen oder man, jung oder alt, die hieher gein Wirtzburg in die stat oder vorstet einkombt j wirtzburger schillinger zuzalen, vnd so manche nacht si darin bleibt so manchen wirtzburger schillinger bezalen solle, bei pen x gulden. rubricata in 2 diuersarum formarum Conradj fol. 49 vnd 49'.

Beilage II zu Seite 237.

Von denen Gerichtern zu Würzburg.

Die Gerichte so seine hochfürstlichen Gnaden als des hohen Domstiffts Würzburg und Hertzogthumbs zu Francken wahrer natürlicher Erbherr über dero landen und hiesige statt alhier Würzburg halten lasen seyndt zweyerley, als die geistliche und weltliche.

Von denen geistlichen Gerichten zu Würzburg und derselben Jurisdiction.

Gleich wie von des hohen Stiffts Anfang desselben geistliche Jurisdiction sich sehr weit erstrecket, also muste solche nothwendig durch viele Officiales exerciret werden; dahero 12 Ertzpriester verordnet gewesen, die ihre Land Capitel und verschiedene Stätt — als da seyndt Coburg, Hall am Kocher, Weinsperg, Mergentheimb, Heilbronn, Schweinfurth, Onolzbach, Fulda, Cammer Zell, Haundorff, und Rasdorff — unter sich gehabt, so aber theils durch Länge der Zeit theils durch den lutherischen Abfall theils ab anno regulativo 1624 dem hohen Stifft Würtzburg entgangen seyndt.

Zu Mergentheimb behaltet der hohe Stifft Würtzburg das Jus ordinariatus und Geistlichkeit anno 1681 den (29 Novembris) 10 Decembris zu Aub recessirter masen, libr. 1 Johannis Hartmanni [et] Petri Philippi fol. 464′—470′, also dasz die Stadt Pfarr und Caplän zu Mergentheimb alhier zu Würzburg präsentiret, examiniret, und von jedem Beneficio 2 fl. zugeben, und der Stadt Pfarrer die von Würzburg aus ihnen etwan auftragende Commissiones auf würzburgische Kosten auff sich zu nehmen gehalten, sacra olea, baptisterium von Herrn Weybischoffen dem Pfarrern zu visitiren erlaubet, iedoch alle Ordens Pristere — auser der Pfarrer zu Gundelsheimb ausgenommen — andere Ordens Pristere in Rural Capituln zu erscheinen, und von ihren jeden Beneficiis 2 fl. zu geben schuldig seyen, in mere consistorialibus et episcopalibus Würzburg die Jurisdiction allein, die Bestraffung aber dem Teutsch Orden, und im übrigen bey deme 1593′ Recess bleiben solle.

Des gleichen mit Fulda anno 1662 recessirt worden, dasz dem Abbten zu Fulda die Jurisdiction ecclesiastica so lang der Stifft in statu quo gelassen, ein neuer Abbt aber an Chur Maintz und Würtzburg in gewiser recessirter Formula pro confirmatione anlangen, und diese solches nicht verweigern sollen, jnmaasen fol. 282′—287 libr. 3 divers. form. et contract. Johannis Philippi zu ersehen. Und ist also observiret worden alsz Marggraff von Baaden Abbt worden anno 1671.

Anno 1683 den (1.) 16. Decembris recessiret Würzburg mit Fulda, dasz Fulda den Probsten zu Zell bey Fischberg zu Würzburg durch einen fuldischen Rath präsentiren, und von Würzburg die Confirmation juxta juramenti et confirmationis formulam praescriptam gegeben, sonsten die Jurisdictio fuldensis von Würzburg nicht gehindert werden solle: divers. form. Johannis Hartmanni fol. 327—333′.

Anno 1626 hat Bischoff Philipp Adolph mit dem neuen Probsten zu Holtzkirchen wegen des mit Stolberg dem Hochstifft heimgefallenen schutz uf selbiger Probstey recessirt, dasz der Probst dem Herkomen gemäsz präsentirt werden, dieser das jährliche schutzgeldt lieffern, des Closters wegen dem Hochstifft getreu zuseyn versprechen, jedoch dieses — da ein anderes sich finden solte — alsdan verschaidlich seyn solle: lib. divers. form. et contract. Philippi Adolphi fol. 150—151.

Wegen der geistlichen Jurisdiction uf Fulda haben jhro letzt abgelebte hochfürstliche Gnaden zu Rom sehr eyferig gestritten, und hanget der Process alda noch in motu.

Welchergestalten sich seine hochfürstlichen Gnaden Herr Johann Gottfriedt ratione der Geistlichkeit dis und jenseit Neckers mit Chur Pfaltz vereinbahret, und 8 Prister dahin zu schicken, hingegen Chur Pfaltz selbige halb zu salariren, auch in Abgehung deren anderen herrschafftlichen Häuser zu denen Wohnungen herzugeben versprochen, vide Recessus de anno 1687 et 1688 libr. 2 [1]) Johann. Godefridi fol. 65 et seqq [2]) Und

---

1) In der Handschrift steht fälschlich: 1.
2) Nämlich Fol. 65—73.

obwohlen zu Heilbron die von Carolomanno und hernach auch Ludovico pio ans Hochstifft geschänckte Michels- oder Haupt Kirch nunmehro auch zum Lutherthum prophaniret, so seyndt jedoch noch alle catholische Ornamenta vorhanden, auch der Chor und dessen Altaria noch in esse, und sollen dasige Burgermeister und Rath von diesem Chor zu brauchen jährlich ein Gewises an Würzburg zu geben dem Vernehmen nach verbunden seyn.

Neben dem Ertz Prister Gericht — so über Wucher, Ketzerei, Simonie, Bann, Ehe, Ehebruch, Morgengaab, Zehendgebühr, Gebührt, Raub, Maynaydt, Kirchen Diener, offentliche Buess, Witben und Waisen, Wallfahrten, Sacrilegien, und worinnen dasz weltliche Recht versagt richtet — wero das Vicariat, so in mere episcopalibus; das Officialat, so über die Domb Pfarr- und Hoffleuth richtete; das Chorgericht, darin jeder Dechant und Capitel in denen Stifftern über seinen Clerum und angehörige Leuth die erste Instans hatte; das Kellergericht, so der hohe Domb gegen die seinige Angehörige in dem Bruderhoff exercirte.

Ez seyndt aber obige Gerichter dergestalten reduciret, dasz statt deren nunmehro das ehe dessen gewesene Generalgericht, id est der geistliche Rath, das Vicariat und Consistorium — nicht zwahr wie ehe dessen solches im Bruderhoff von 10 Ertz Pristern gehalten worden, sondern — auf nachfolgende Arth gebliben.

Von dem geistlichen Rath.

Am geistlichen Rath werden alle Causae ecclesiasticae obgemeldt so ehe dessen die Ertz Prister dijudiciret, jtem Pfarr Satz und deren Bestellungen, Examination, Visitation, Correction vorgenommen, Capitula ruralia angeordnet, und der Clerus in causis civilibus tanquam foro competente conveniret.

Von dem Vicariat Gericht.

In des Vicarii in spiritualibus generalis Gerichts Zwang gehören alle Sachen die ein Bischoff persönlich ausrichten mag: Besetz- und Entsetzung der geistlichen Lehen, der Schlag des Banni und Jnterdicti, die Wiederabnehmung derenselben, und alle Spruch und Forderung geistlicher Personen und Güter betreffend im gantzen Bistumb.

Consistorium oder Ehe-Gericht.

In diesem werden abgeurtheilt und vorgenohmen alle Causae matrimoniales, Sponsalia, und daher rührende Strittigkeiten, Fornicationes, Adulteria.

Wan aber von diesen super facto zu cognosciren, wirdt der Reus an hochfürstliche Cantzelei übergeben.

Von diesem wird an Chur Maintz appelliret.

In hoc judicio hat biszhero ein Dombcapitolar präsidiret, so jedoch von seiner hochfürstlichen Gnaden verordtnet wird, und vermög Recessus mit einem hochwürdigen Dombcapitul die Handtgelöbnisz zu thun hat.

Von weltlichen Gerichtern zu Würzburg.

Die weltliche Gerichter zu Würzburg so noch im Gang seyndt folgende:

Landtgericht.

Das Landtgericht Hertzogthumbs zu Francken, welches ein formatum Judicium ist, und seine gedruckte Ordnung hat, richtet über Erbschafft, Theilung, Testament, letzte

Willen, Geschäffte, Uebergab, Vermachtnüsz, Vormundschafft, Heyrathguth, Ehebethätigung, Morgengabe, Einkindschafft, Vorausz, Verzicht, und dergleichen.

An das Landtgericht gehören alle und iede Leuth die in dem Bistumb Würtzburg und Hertzogthum zu Francken wohnen, auch ehedessen die Graffen selbsten und des heiligen römischen Reichs Ständte und Dinstleute, nihemanden ausgenohmen dan die Bargilden, id est Parochi, allein unter denen Graffen gesessen.

Der Landtrichter ist iederweil ein Domcapitular. Wird von Adelichen und Gelehrten besetzt. Die Adeliche werden Assessores, die Gelehrte Landtgerichts Consulenten genennet.

Dieses Gericht, ob es schon ob concessiones et privilegia das keyserliche Landtgericht genennet wird, stehet dannoch unter seinen hochfürstlichen Gnaden, und wird davon an das Hoffgericht appellirt.

Brucken Gericht.

Gleichwie auf keyserlichen und königlichen Freyheiten das Landtgericht sein Authorität und Jurisdiction hat, also auch das Brucken Gericht.¹) Und hat vier unterschiedliche Nahmen.

Erstlich nennet mann es das Landtrecht, zu unterscheiden von dem Landtgericht, darumb dasz sein Zwang sich durch das gantze Landt und Stifft Würzburg erstrecket. Die Reformation dieses²) videatur divers. form. Thüngen fol. 143ʹ — 147, 148 — 151ʹ.

Secundo Brucken Gericht, weilen solches vor Alters in dem Hansz welches nechst unten an der Brucken lieget gehalten worden.

Tertio Ober Centh, deszwegen dasz von allen des Hochstiffts Centh in centhbarlichen Sachen die burgerlich vorgenommen werden an das Bruckengericht appelliret wird.

Wann auch Jemand in dem gantzen Stifft von weltlichen Richtern das Recht versagt abgeschlagen oder verzogen wird, oder einer denen Ladungen Urtheilen und Gebotten vor den auswendigen des Stiffts Centhen ungehorsamb were, in sollen Fällen hat die obrist Centh auch zu richten.

Der Richter an dieser Centh ist der Schultheisz zu Würzburg. Die Schöpffen, 9 redliche Männer, haben vor Alters gerichtet umb Schuld, Zinsz, Gült, Schmahe, und andere Fälle für sie gehörend allenthalben über des Stiffts Unterthanen. Aber in peinlichen Sachen werden ihnen noch fünff Schöpffen zu gesetzet, nemlich 2 von Zell ausz der Gasen, zwey von Büttelbronn, und einer von Höchberg. Anno 1627 seyndt noch 2 fremde Schöpffen zu denen 5 obigen, alsz einer von Randersacker und einer von Gerbrunn, gesetz worden.

Stadt oder Saal Gericht.

Und eben die gedachte Richter und neun Schöpffen haben vor Alters in burgerlichen Sachen umb Schuld und Schmahe über alle Bürgere der Stadt Würzburg zurichten uf dem bischöflichen Saal, darum man es dann Stadt oder Saal Gericht³) nennet.

---

1) Vgl. hiezu Dr. Scharold im Archive des historischen Vereins von Unterfranken und Aschaffenburg VI 3 S. 128 — 136.
2) Vgl. oben S. 213 mit der Note 1.
3) Vgl. hiezu Dr. Scharold a. a. O. VI 3 S. 136 — 143.

Und wird in der Wochen dreimahl gehalten, nemlichen Dinstag Donnerstag und Freytag; auch keinem Burger oder Stifftsverwandten gestattet, von dem daran ergangenen Urtheil zu appelliren. Doch ist es pfleglich, dasz in causis arduis die hochfürstlichen Räthe consuliret werden. Von diesem allen videatur das grose Centbbuch sub verbo Würzburg, divers. form. Conradi [1]) fol. 136 et sequ.

Heut zu tag aber hat das Stadtgericht weiter nichts als in Ausschatzungmachen zu urtheilen. Und wan sich Jemand da von beschweret findet, kan die Sach per viam revisionis an die hochfürstliche Cantzeley gebracht werden.

Cantzlei Gericht.

Die Richter seyndt fürstliche Räthe. Die richten in veranlasten und allen andern sachen die appellationsweisz von dem Landtgericht und andern Stadt- oder Dorffs-Gerichtern in Sachen die mehr als 10 fl. antreffen dahin kommen.

Hoff Gericht.

Ist vor Alters auch in hochfürstlicher Cantzeley auf einer besondern dazu verortneden Stuben gehalten worden, und der Hoffmeister oder in dessen Abwesen der erste unter den weltlichen Räthen Richter daran gewesen. Die Beysitzer werden genohmen ausz des Hochstiffts Ritterschafft welche kein Ambt Lenth oder Dienere, doch Leben Leuth seyndt.

An solchem Gericht worden gefordert und beklagt die von der Ritterschafft [in Lehen-] und andern Sachen.

Von diesem appellirt man an das keyserliche Cammer Gericht.

Anno 1447 ist Herr Jobst von Veningen, Dombherr zu Mergentheimb, Bischoff Gottfrieden von Limpurg Hoff Richter gewest. Und hat man dieselbe Zeit die Fürsprechere ausz dem Ring, das ist ausz denen Beysitzeren, genohmen. divers. form. Conradi fol. 57 und 57'.

Heutiges tags seyndt die Hoffräthe Assessores, und Hoffrichter der Grosz Hoffmeister. Werden auch allerley Stritt sachen und Appollationes alda vorgenohmen.

Lehen Gericht.

Die edle Lehenleuth suchen das Recht in Lehensachen in dem Lehengericht, welches auch an besonderen Tagen gehalten wird. Richter und Assessores seyn die im Hoffgericht.

Burger- und Bauerlehn Gericht.

Aber in denen Sachen und Fällen der Burger oder Bauer lehen betreffend ist ein sonder Gericht, das auch in der Cantzley gehalten wurde.

Daran gabe der Lehen Fürst und Herr einen aus seinen weltlichen edlen Räthen zu Richter. Die Beysitzere solches Gerichts worden aus denen belehenden Burgern zu Würzburg genohmen.

Von diesen wurde auch an das keyserliche Cammer Gericht appelliret.

Heut zu tag seyndt die Richter und Assessores Cantzler und hochfürstliche Räthe.

---

1) Nämlich der secundus diversarum formarum dieses Fürstbischofes.

Gericht des Gnaden Vertrags.

Noch ist ein Gericht für des Stiffts Ritterschafft gemacht, das Gericht des Gnaden Vertrags, und kommet daher: Bischoff Johannes der dritte dis Nahmens, aus dem Geschlegt von Grumbach, gabe in dem Jahr 1461 am Sambstag nach Galli sein und des Stiffts Graffen Herrn und Ritterschafft uf jhr unterthänig Ansuchen und Bitt einen immerwehrenden Gnaden Brieff, in welchem unter andern versehen: wan ein Bischoff von Würtzburg gegen einen oder mehr Graffen Herrn oder Edelmann, oder derselben einer oder mehr hinwider zu ihme dem Bischoff Zuspruch hätten, das solte vor des ietzt gemelten Bischoffs weltlichen edlen Räthen mit Recht ausgetragen und entschieden, und keine Partey darüber ferner getrungen werden. Des gleichen: wan Dechant und Capitul das Domhstifft, oder andere des Stiffts Prälaten und Geistlichkeit etwas wieder die gedachte Graffen Herrn und Edelleuth, oder hinwieder sie an die genante Geistlichkeit zu sprechen hätten, geistliche Sachen ausgenommen, dasz sie einander deswegen vor dem Bischoff oder seinen Räthen, geistlich und weltlich, zu rechtlichem Austrag conveniren. Doch, were der Reus geistlich, solte als dan ein geistliche Person mehr als weltliche, et vice versa, zu Richter niedergesetzet, und ein Jeder bey demselben richterlichen Spruch gelasen werden. vide contractuum Rudolphi fol. 354' — 356.

Stadt Geschworner Gericht.

Als sich zwischen denen Burgern hier zu Würzburg in denen Bawen offt etwas Jrrung und Zwitracht begeben, also dasz sich einige über die andern beclaget und beschweret, werden allwegen ausz Zimmerleuthen Steinmetzen und Maurern vier ehrliche Meister verpflichtet, die strittige Burgere in Bauen Anbawen und Ueberbawen nach Billigkeit und der Statt Herkommen endlich zu entscheiden.

Und wasz dieselbe nach verhörter Klag Antwortt Kundschafft Uhrkundt und andern Fürbringen uf Ansuchung der Parthey machen und entscheiden, daran hat sich ein jeder Theil sättigen lassen und vor Alters darein compromittiren müsen.

Welche Partbey auch ihres Spruchs schrifftliche Urkundt begehret, dem gaben sie unter der Stadt Würzburg Jnsiegel dieselbe.

Undt heiset man diese die 4 Stadtgeschworne. Stehen heutiges Tags unter dem obern Rath.

All die weilen sie aber blos nach dem Augenschein abstrahendo von alten Documentis Possession und Praescriptionen auf ihre Handtwerck principia [entscheiden], die sie gleichsamb per traditionem haben, so ist heut zu tag denen Parteyen unverwehret, ad peritiores oder auf hochfürstliche Cantzley zu provociren.

Montags- oder Feldgericht.

Aus denen gemeinen Häckern der Stadt Würzburg werden allwegen fünff verstandige unverleumbte Personen verordnet, welche die klagende Partheyen so sich der empfangenen Schaden an ihren Feldgüttern, Gärtten, Aeckern, Wiesen, Weingärtten, und dergleichen mit einander irren der Stadt Gebrauch und Herkommen nach mit rechtlichen endlichen Spruch entscheiden, die Gütter meszen, verrheinen und versteinen.

Wurde vor Alters auf einem Sontag, hernacher aber auf einem Montag gehalten. Wird das Feldgeschworen Gericht oder auch Montags Gericht genennet.

Seine ordentliche Statt ist an dem bischofflichen Saal auf der Cantzley. Und sitz der Hofschultheis als ein Richter bey gemelten fünff Schöpffen.

Ober Rath.

Der Herrn im obern Rath seyndt vor Alters 15 gewesen, nemlich 4 des Capitels im Domb, einer des Capitels im New Münster, einer zu Haug, einer zu s. Burchard, und der Oberschultheis zu Würzburg, der erste im Rang deren Domb Capitularen aber Senior genandt worden. Zu diesen wurden noch 7 Personen gezogen, alss drey aus dem untern Rath allhie zu Würzburg, ein Metzger, ein Beck, ein Gemeinsman.

Alsz aber ein hochwürdig Domb Capitel vor Jahren, alsz man von Abstellung der eingeschlichenen Abusuum mit jhnen conferiret, sich vernehmen lassen, dass dieser ober Rath von einem zeitlichen Regenten independent sondern einem hochwürdigen Domb Capitel zugehörig seye, ist die Sach zu Wien in einem schwehr- und langwürigen Processz bey seiner hochfürstlichen Gnaden Herrn Johann Gottfriden Lebzeiten gerathen, und nach langem Processiren endlich dem Regenten durch Urthel und Recht zugesprochen, und dahero von ietz regirender hochfürstlichen Gnaden Herren Johann Philippsen ein Domb Capitular sublato nomine „Senior" zum Präsidenten, und ein zeitlicher Oberschultheisz zum Vicepräsidenten diesem Gericht im Nahmen seiner hochfürstlichen Gnaden zu präsidiren verordnet, und dem Gericht ein newe Ordnung zugestellet worden.

Materiae tractandae aber in diesem Gericht seyndt die Servitutes urbanae, und Obsicht über das Policeywesen, Jnspection über alle Freyschafften, jnmasen berührte Ordnung mit mehrerm ausweiset.

Ober- und Hoffschultheisrambt

haben concurrentem Jurisdictionem und das Präsidium bey dem Stadt Gericht, so dass wan der Oberschultheis, so allezeit ein Cavallier, nicht alda ist, als dan der Hofschultheisz präsidire, den Staab halte, und Vota coligire. Richten in allen Causis civilibus, und haben primam Jnstantiam. Von jhnen wirdt an hochfürstliche Cantley appelliret.

Stadt-Rath

hat über der Stadt gemeine Recht und Gerechtigkeiten, Burger werden, Kauff und Verkauffung burgerlicher Güttern, Gasen und Straszen Reparirung, Feldtschaden, und dergleichen zu cognosciren, wie den deswegen ein besonderes Rueggericht angeordnet.

Jm grünen Banm ist ferner die Steuer und Schatzungs Einnahm, welche Schatzung und Steuer Einnehmer selbige von denen saumseligen zu exequiren, sonsten aber keine Jurisdiction haben.